CRISTIANO RONALDO

欧冠之王 C罗

念洲 著

北京时代华文书局

图书在版编目（CIP）数据

欧冠之王——C罗 / 念洲著 . -- 北京 : 北京时代华文书局 , 2021.6
ISBN 978-7-5699-4170-8

Ⅰ.①欧… Ⅱ.①念… Ⅲ.①克里斯蒂亚诺·罗纳尔多—传记 Ⅳ.① K835.525.47

中国版本图书馆 CIP 数据核字 (2021) 第 086477 号

欧冠之王——C罗
OUGUAN ZHI WANG———C LUO

著　　者	念　洲
出 版 人	陈　涛
选题策划	董振伟　直笔体育
责任编辑	周连杰
执行编辑	王　昭　马彰羚
责任校对	凤宝莲
装帧设计	程　慧　迟　稳
责任印制	訾　敬

出版发行	北京时代华文书局 http://www.bjsdsj.com.cn
	北京市东城区安定门外大街 138 号皇城国际大厦 A 座 8 楼
	邮编： 100011　电话： 010 - 64267955　64267677
印　　刷	小森印刷（北京）有限公司 010 - 80215073
	（如发现印装质量问题，请与印刷厂联系调换）
开　　本	710 mm ×1000 mm　1/16　印　张	22.5　字　数	360 千字
版　　次	2021 年 6 月第 1 版　　　　　印　次	2021 年 6 月第 1 次印刷
书　　号	ISBN 978-7-5699-4170-8
定　　价	96.00 元

版权所有，侵权必究

本书部分图片因无法联系上版权所有者，请所有者与出版社联系支付相关费用。

征服

序言

2018年5月6日。

欧洲东部，乌克兰首都，基辅。

夜，漆黑如墨，就像孩童顽劣，打翻了桌上的墨宝。浓墨渲染了整个夜空，将一轮白月也染了黑。

长夜如万古。

夜空之下，却是人声鼎沸，只因那喧闹的奥林匹克球场中央，矗立着这么一尊奖杯，名唤"大耳圣杯"。

这尊奖杯，既如武林至宝，又似绝世美人，历经六十余载的风霜浸洗，足迹踏遍欧洲各国，引得无数豪雄竞相逐鹿，痴心不悔。所有人，都想将它据为己有，都欲视之为禁脔。可是它，却一直在寻找着、等待着自己真正的主人。

这人是谁？必得是一位王者。他才高八斗，胸怀远志，傲视群雄，睥睨天下，一次又一次地打败所有对手，坐定江山成一统，再将它揽入怀中，肆意把玩。

天不生此君，万古如长夜。

这一夜，它必将被人再次举起。但，会是那个他吗？

九十分钟过后，答案已经落定。银鞍照白马，飒沓如流星。他来了，在六万观众面前，右手抱起它，左手五指戟张，英俊的面庞，挂上了极其灿烂的笑容。

时间在那一刹那骤然静止。它终于等来了这一刻，可以向所有仰慕者、追求者、问鼎者庄严宣告：这个男人——克里斯蒂亚诺·罗纳尔多——就是我真正的主人，我愿将他称为"王"，"欧冠之王"。

他当得起吗？当得起。五根手指，代表着五个欧冠冠军，意味着它已是第五次被他举起。

在旁人看来，哪怕举起一次，都要费尽千辛万苦，还得感谢耶稣、神佛的庇佑。要知道，多少响彻寰宇的名字，终其一生，也没有品尝过欧冠冠军的滋味，如罗纳尔多、卡纳瓦罗、范尼斯特鲁伊、托蒂、巴蒂斯图塔、罗伯特·巴乔、内德维德、巴拉克、博格坎普、维埃拉、图拉姆，或许可能会再加上伊布拉希莫维奇、布冯，等等。

而他与它，却似乎天生有着特殊的缘分，因为无论他身披何种战袍——红色的，还是白色的，总能感应到它的存在，然后一步步接近，直到抱得圣杯归。

不信？那么我可以告诉你：自从1992年欧冠联赛改制以来，没有任何人，比他的捧杯次数更多；只有一家俱乐部——皇家马德里队（以下简称"皇马"）比他的捧杯次数更多，其他所有你喜欢的、热爱的、信仰的俱乐部，都不如他；自从1955年欧洲冠军杯诞生以来，只有皇马传奇名宿弗朗西斯科·亨托一个人，曾经六次夺得"大耳圣杯"，比他的捧杯次数更多。

序言　征服

他，是欧冠历史上总出场次数第二多的人（成为最多的人，只是时间问题），是欧冠历史上总进球数最多的人，是欧冠淘汰赛历史上进球数最多的人，是欧冠半决赛历史上进球数最多的人，是欧冠决赛历史上进球数最多的人，是欧冠单赛季历史上进球数最多和第二多的人……

他一个人，就是一本书、一部史，浓缩了将近二十年来的欧冠传奇。

但曾经，他只是大西洋小岛上的一个顽劣孩童，在石棉瓦搭建的屋顶下生活，在崎岖的街道上玩耍。太阳从海上升起，从海上落下，落日余晖下，他瘦削的影子总会映在泥泞的球场上，直到夜黑如墨。

终于，他从小岛上走出来了，见识了世间的繁华。但"欧冠之王"，也只不过是痴人说梦的奢望。劳尔、齐达内、因扎吉、卡卡，太多人已经走在了他的前面，看

序言 征服

起来他们是那么遥不可及,而他们比他更为接近"欧冠之王"的宝座。就连比他起步还要晚的梅西,都已经将他甩在了身后。

前路何其漫漫,又多么艰险,岂是二十年前那个一输就哭的"爱哭鬼"所能走完的?但倔强的瘦弱少年,胸中有火,眼里有光,把足球扛在肩头,细长的双腿,迈出坚韧的脚步,开始丈量与"欧冠之王"间的距离。

跌倒,爬起。再跌倒,再爬起。终有一天,那少年,红袍似火,白衣胜雪,高呼一声"剑来",巨阙出匣,摇荡碧空,斜明隙月,一天星斗无颜色。而那距离,也一厘米、一厘米地被缩短,直归于零。

王者终降临。

而本书要给各位讲述的,就是克里斯蒂亚诺·罗纳尔多的"成王之路"。我们还是按照中文的习惯,叫他C罗吧。这不是一个玄幻故事,也不是一本异能小说,我们的主人公,没有像故事、小说、话本里的男主角们那样奇遇连连,频开"金手指",第一次登场时,他还只是一个不满18岁的孩子,懵懵懂懂,浑然不知天已降大任于是人也。

目录 CONTENTS

1 第一章 初见

雏鹰展翅乘风起　2
一朝成魔天下知　10
初试啼声鸣惊人　16
一见狂人误欧冠　20

2 第二章 起航

金风玉露乍相逢　28
砥砺奋进创历史　35
追风之子飞也驰　43
一生之敌终出世　47

3 第三章 首冠

千锤百炼锻新骨　56
梅罗争霸首上演　61
莫斯科雨泪齐飞　65
永恒之城留遗憾　72

4 第四章 新征

百年豪门迎新人　82
九冠雄主遇魔咒　88
师徒并肩浴血战　95
得之东隅失桑榆　108

第五章 5 再冠

斯人挥手自兹去　　120
三英聚首灭豪雄　　129
五载之后再捧杯　　138
一尊金球何以酬　　146

第六章 6 荣光

生平仅遇此劲敌　　154
帅位动荡山河摇　　162
玄宗不出苍生何　　169
黄沙百战穿金甲　　174

第七章 7 加冕

勒石燕然终记功　　182
百球盛宴须尽欢　　188
碾碎魔咒又折桂　　196
风波难阻杀性起　　202
三连冠登基加冕　　211

第八章 8 挑战

朝来告别惊何速　　220
我有嘉宾鼓瑟琴　　226
路漫漫其修远兮　　229
吾将上下而求索　　235

结语　　242

欧冠十大对手　　245
十大经典战役　　251
五大苦主　　257
五大最爱之敌　　261
C罗荣誉全记录　　265
C罗欧冠进球全记录　　266
欧冠冠军排行　　268

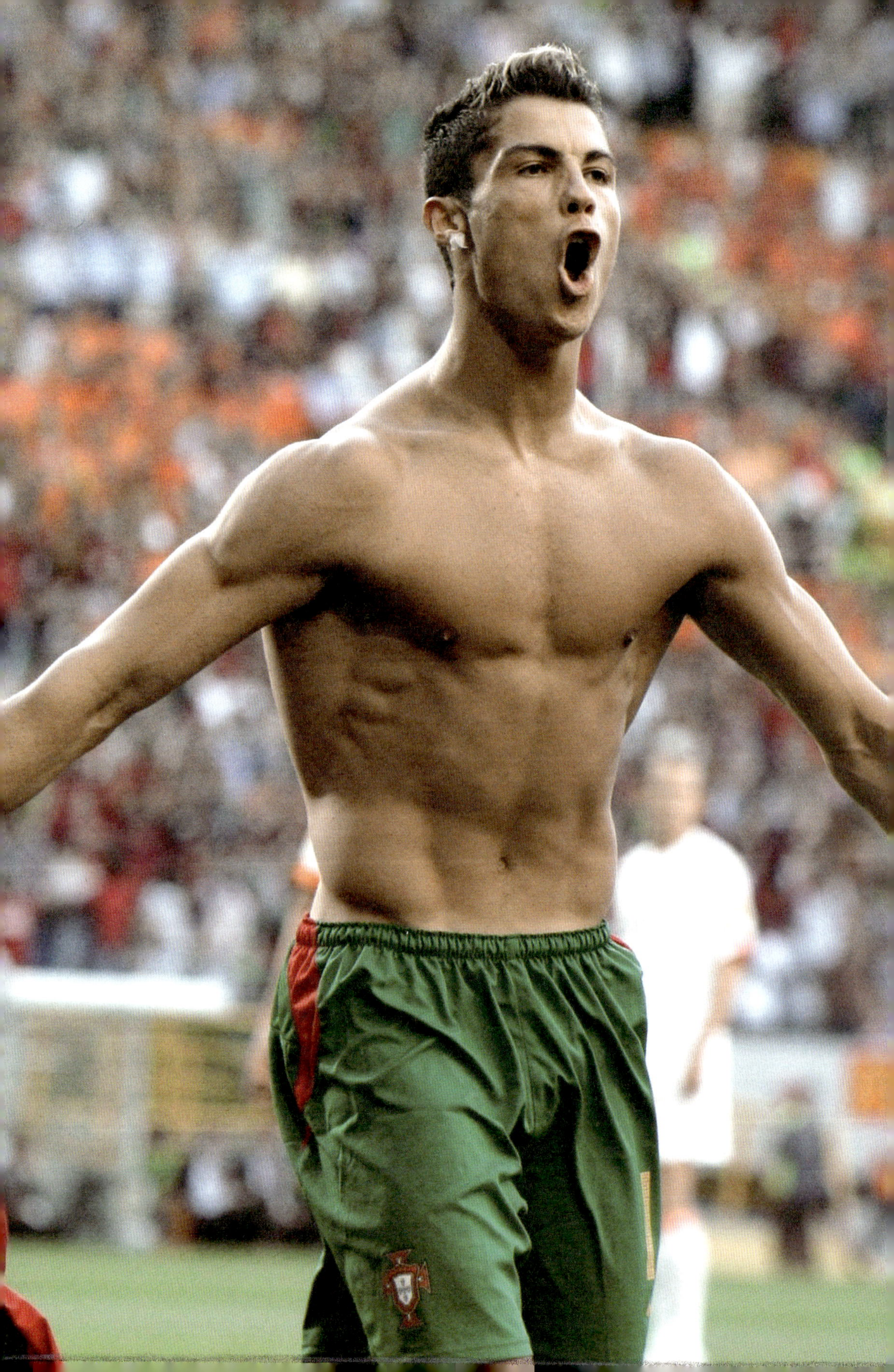

第一章
初见

"让我们在他身上赌一把吧！他会比尤西比奥和路易斯·菲戈更出色。"葡萄牙体育俱乐部（以下简称"葡萄牙体育"）的时任主教练博洛尼说道。那个"他"，指的就是C罗，而博洛尼在这场豪赌中放入的第一个筹码，就是对阵国际米兰队（以下简称"国际米兰"）的欧冠联赛资格赛。

"欧冠之王"与欧冠的不解之缘，也就从此开始了。

雏鹰展翅
乘风起

2002年8月14日，是C罗永生难忘的日子，也是所有罗迷应该永远铭记的日子。

那一天的光明球场，迎来了2002-2003赛季欧冠联赛资格赛第三轮的首回合较量，葡萄牙体育坐镇主场迎战意甲豪门国际米兰。

那里也是C罗的主场。那一天的他，仅17岁6个月又9天。

比赛第58分钟，博洛尼令旗一挥，C罗来到了场边。心跳加速，呼吸急促，他的内心，远没有表面看上去那么淡定，充满渴望与好奇的眼神，也出卖了他。15000名球迷的灼热目光，聚焦在了他的身上，而他的思绪却禁不住飘远，飘回了五年之前。

五年前，只有12岁的C罗，在母亲、姐姐和妹妹的泪光之中，一个人孤零零地坐上了飞机，离开了家乡马德拉岛，来到了葡萄牙的首都里斯本，加入了葡萄牙体育的青训营。

接下来的五年，就是他一生中最艰难的日子：与无忧无虑的快乐时光告别，没有亲人的陪伴，在一个完全陌生的环境里，承受着这个年龄本不该承受的责任与压力。他在踢球，更是在养家糊口，一个月50欧元的青训收入得全部上缴给母亲多洛蕾斯，再由她进行分配。后来，他的收入涨到了每月250欧元，可大部分还是拿来补贴家用。

压力之下，C罗成熟得很快，而他的足球天赋，更快地吸引了所有人的目光。从16岁以下青年队，到17岁以下青年队，再到18岁以下青年队，远超同龄人的优秀，让他鲤鱼跃龙门般急速蹿升，最终在2001年8月，与葡萄牙体育签下了人生中的第一份职业合同。

然后，C罗时刻都在等待着一线队正式比赛的出场机会。不过，直到一年之后，属于他的机会才姗姗迟来。

球迷们的掌声，将C罗的思绪带回到现实，但他依然感到有些难以置信：被选进比赛大名单已经够出乎意料，原本以为只是凑数儿用的，没想到，竟然真的要上演职业生涯和欧冠生涯的处子秀了！

他看向场上的队友们：右边锋夸雷斯马，比他大两岁的天才球星，被公认为葡萄牙足球未来的希望；左边锋托尼托，每天都接自己训练、送自己回家的"大哥"；前腰佩德罗·巴尔博萨，葡萄牙国家队现役国脚；前锋尼库莱，罗马尼亚国家队国脚，博洛尼的爱将。

再看向对面的对手们，个个都是名头响亮的世界级球星：2000年欧洲杯一战封神的托尔多，阿根廷国家队队长萨内蒂，马特拉齐、科尔多巴、科科、迪比亚乔、达马特、莫菲奥、维埃里、卡隆，还有同胞前辈、葡萄牙国家队"黄金一代"的代表球员之一孔塞桑。

该畏惧吗？该害怕吗？C罗默默问自己，却感觉到内心的兴奋之情越来越按捺不住，冥冥之中，似乎有一股力量在拼命召唤着他，让他迈出踏上欧冠赛场的那一步。

第一章　初见

于是，C罗迈出了——历史，从这一刻开始改写。

少年C罗，披挂上阵，换下托尼托。身穿28号球衣，身材瘦削，一头卷发，看上去一点儿也不起眼，但很快，他的表现就惊艳了赛场里的每一名球迷：右边线带球，一个急停，右脚将球从脚后面拉到左侧，晃开了科科的防守；面对补防上来的迪比亚乔，又用右脚连续拉球，转了个圈儿，顿时将对手甩掉。

一连串"骚"操作，连贯流畅，潇洒自如，信手拈来。面对意甲豪门的顶级巨星们，17岁的C罗敢带球敢突破，敢于做动作，敢于秀花活儿，短短半个小时时间，就向人们展现出了一个自信无畏、充满灵气、天赋异禀的足球天才的形象。这就是克C罗留给足球世界、留给欧冠联赛、留给所有球迷的最初印象——博得满堂彩。

遗憾的是，没有进球，没有助攻，没有胜利。C罗的欧冠处子秀，就这么结束了，还没踢过瘾呢。而13天之后的次回合较量，他并未再次进入比赛名单当中，葡萄牙体育0比2负于国际米兰，最终以相同的两回合总比分被淘汰出局，无缘2002-2003赛季欧冠联赛的正赛阶段。

C罗的第一个欧冠赛季，戛然而止。或者，说它是"第零个欧冠赛季"，也许更为妥帖，因为C罗毕竟还没有登上欧冠正赛的舞台，这场欧冠资格赛，终究只是一个铺垫，是"成王之路"上的第一块垫脚石罢了。

不过，他还有欧洲联盟杯可以参加，那同样是一项欧战赛事。葡萄牙体育的对手是贝尔格莱德游击队——塞尔维亚足坛的传统劲旅。

首回合比赛，C罗在下半场替换鲁伊·若热上阵，可是，依然没有等来进球。

次回合，他终于迎来了职业生涯的首次首发出场，但踢的不是边锋，更不是中锋，而是343阵型里的右翼卫！

What？让C罗踢翼卫？这不是暴殄天物吗？现在哪支球队、哪位教练敢这么用他，肯定会被球迷给喷死，当然，也不可能有人会这么做，连想都不敢想。可是，当时C罗只有17岁，队内的地位还在夸雷斯马之下，所以，必须接受主教练做出的任何安排，特别是必须要承担防守方面的任务。

这是一场进球大战，两支球队踢得非常刺激、精彩，以3比3握手言和。可惜的是，葡萄牙体育还是以4比6的总比分止步，未能闯入联盟杯的第二轮。而这三粒进球，都与C罗没有半毛钱的关系，第74分钟，他就被尼库莱换下了。

没人会责怪C罗不进球，更没人会把进球的担子放在他一个人身上，毕竟这孩子还没有成年嘛！但是，从小就好胜心爆棚、自负心极强的他，绝对不甘心如此，他一定得要进一个，让所有人都好好看看！

2002年10月7日，又是一个值得铭记的日子，因为C罗的目标实现了。

那是葡萄牙足球超级联赛2002-2003赛季第6轮的比赛，葡萄牙体育坐镇主场迎战莫里伦斯队。第34分钟，队友脚后跟妙传，C罗中路接球。此时，他的眼里只有球门，脑子里只想着进球。前面有两名防守球员？那就过他，再过掉另一个。

连过两人之后，C罗杀入禁区，面对对方门将，冷静地右脚推射，球应声入网——职业生涯的处子球，终于诞生！

第一章　初见

一个进球还不够。血脉偾张的他已经杀红了眼。全场比赛结束前，队友右路任意球传中，C罗在禁区中路高高跃起，头球叩关，将球顶入网窝，梅开二度！

C 日后，我们还会看到C罗的无数次破门得分，无数次头槌得手，有些起跳，甚至要突破人类的极限。但无论哪一次，都没有这第一次来得珍贵。

最重要的是，欧洲乃至世界足球史上最伟大的"进球机器"，历史上正式比赛进球最多的球员，从此，拉开了传奇的帷幕。

整个2002-2003赛季，初出茅庐的C罗在葡超联赛里出场25次，攻进3球；葡萄牙杯出场3次，攻进2球；欧冠资格赛出场1次，没有进球；欧洲联盟杯出场2次，没有进球——各项赛事总计出场31次，攻进5球——对于一个17岁的少年来说，这已经是一份相当不错的成绩单了，而他未来的答卷，只会更好。

欧冠之王——C罗

2002-2003赛季的欧冠江湖，没有C罗的名字，但有意甲群雄，有尤文图斯，有AC米兰。我们从现在回过头去看那段往事，才恍然明白，那竟是属于"小世界杯"的最后的集体狂欢与辉煌。

2003年5月28日，英国曼彻斯特的老特拉福德球场，欧冠决赛迎来"意甲德比"。尤文图斯与AC米兰联袂奉献了一场典型的意大利式对决：防守，防守，防守；紧张，沉闷，窒息。

90分钟的常规时间，再加上30分钟的加时赛，满满120分钟，两支球队加起来，一共只有7脚射正，没有一次攻破对手的大门，生生鏖战到了最残酷的点球大战。

点球大战，也是门将的对决。意大利门神布冯的表现已经很出色，扑出了荷兰中场西多夫和格鲁吉亚后卫卡拉泽的点球。但巴西国门迪达的发挥更优异，将法国前锋特雷泽盖、乌拉圭前锋萨拉耶塔、乌拉圭铁卫蒙特罗的点球均拒之门外。

第一章 初见

舍甫琴科第 5 个出来主罚，右脚劲射，一蹴而就，决定了冠军的最终归属。领奖台上，AC 米兰的队长保罗·马尔蒂尼，职业生涯第四次捧起欧冠冠军的奖杯，从 1989 年到 2003 年，跨越三个年代，"伟大的左后卫"，和他心爱的红黑俱乐部一样，依旧伟大。

我们无法确切地知道，三个多月前已经过了 18 周岁生日的 C 罗，到底有没有在电视机前观看这场欧冠决赛，更不会知道，他有没有料到，15 年之后，自己竟然会加盟这两支决赛球队中的一支。

但我们确定一定以及肯定地知道，C 罗的心中对于欧冠冠军，充满了无限的期待与无穷的渴望。显然，葡萄牙体育是不可能满足他的期待与渴望的，想要梦想成真，就只能选择离开，扬帆远航，去星空和大海闯荡。

一朝成魔
天下知

葡萄牙体育俱乐部里的所有人，其实心里都非常清楚，他们的这位年轻天才是迟早都要离开的，而且这一天，已经越来越近了。

这不仅是因为葡萄牙足坛的"庙"实在太小了，只能当作一个跳板，而奔赴西甲、英超、意甲、德甲、法甲等欧洲五大联赛，一直以来都是葡萄牙本土足球天才们的"宿命"。更因为 C 罗的志向非常远大，决心异常坚定，还聘请了手腕惊人、长袖善舞的豪尔赫·门德斯作为自己的经纪人。

最早接触 C 罗的欧洲豪门，就是国际米兰，而且是在那场欧冠交锋的一年多之前。国际米兰名宿、莫拉蒂主席的顾问路易斯·苏亚雷斯亲自前往里斯本考察，现场观看了 16 岁少年的比赛，立刻惊为天人，回去就要莫拉蒂赶紧买人，甘愿自掏腰包，拿出 100 万美元当转会费！

可是，当时的"莫老爹"眼里只有成名的世界级球星，根本不打算在"小妖"身上下任何赌注，就这样，"蓝黑军团"与 C 罗擦肩而过。

等到 C 罗完成欧冠首秀之后，更多的豪门闻风而至：皇家马德里、巴塞罗那、尤文图斯、国际米兰、阿森纳、曼联、利物浦、马德里竞技、瓦伦西亚，等等。而门德斯居中牵线，也忙得不亦乐乎，甚至还与其中一些球队达成了口头协议。

其中，最接近签下 C 罗的，是当时正如日中天的英超豪门阿森纳。在法国人阿尔塞纳·温格的率领下，阿森纳打破了曼联对英超冠军的垄断，正准备迎接一个不败的伟大赛季。

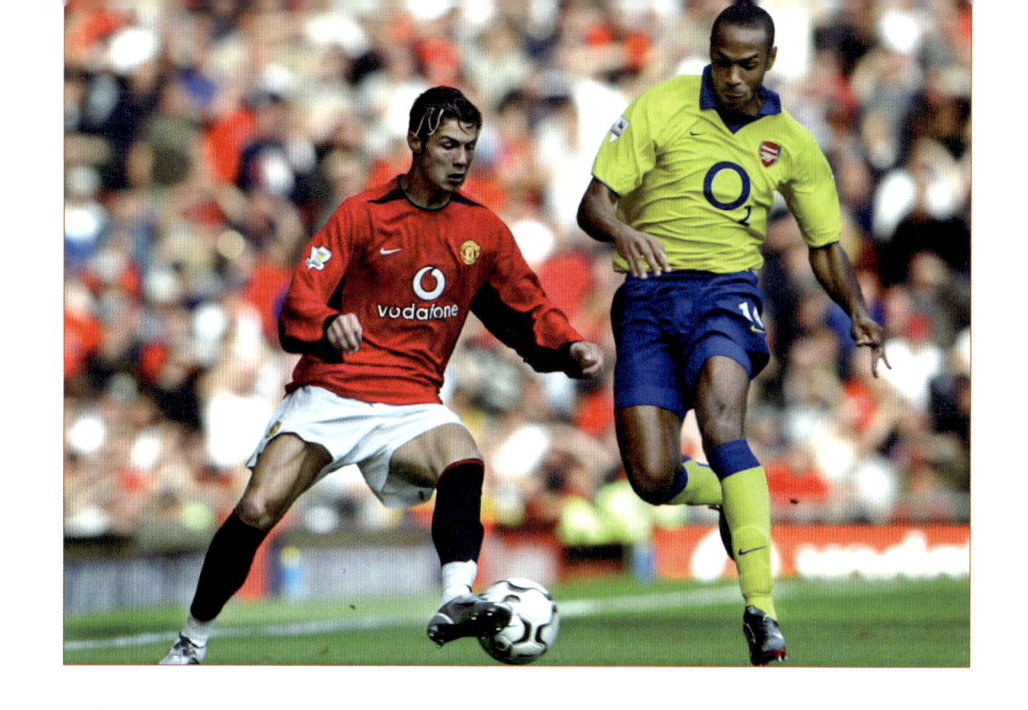

C 而与莫拉蒂不同，温格是爱才之人，对年轻新星尤其青睐，一见 C 罗的惊才绝艳，就动了心思。

那么，C 罗到底有多接近加盟阿森纳呢？答案是：真的非常非常接近。

2003 年初，C 罗专程坐飞机去往伦敦，参观阿森纳的训练基地，不仅与主教练温格，队内头号球星、自己的偶像之一蒂耶里·亨利见面聊天，甚至还穿上了阿森纳的球衣。

或许当时温格心中暗暗得意：我们诚意满满，C 罗看上去也十分感动，稳了吧？

与此同时，阿森纳也派出大佬飞往里斯本，与葡萄牙体育进行谈判。这位大佬是谁？俱乐部副主席大卫·戴恩，英超联赛的创始人之一，也是温格在阿森纳最信任的人，在英国足坛纵横捭阖，谈判无往不利。

我们不妨试想一下：如果 C 罗真的加盟北伦敦豪门，那么英超联赛和欧冠联赛的历史，都将会被重新改写，那么，2006 年夺得欧冠冠军就不会是巴塞罗那（以下简称"巴萨"），而是阿森纳了。

然而，阿森纳一直没能完成这最后的"临门一脚"，这是因为温格的老毛病——想省钱，买家的报价一直无法令卖家感到满意。倒不是葡萄牙体育贪得无厌，手握"绝

第一章 初见

世美玉"者，怎会如此轻易地、便宜地放人呢？换成谁，都想在C罗身上捞一笔，大多数葡萄牙球队，也是以此为生的。

这么一折腾，就到了2003年夏天。与各路买家的谈判，还在多方面地持续推进中，葡萄牙体育也照常踢友谊赛备战新赛季。而8月6日这一天，似乎是天意，葡萄牙体育遇到了曼联，C罗遇到了弗格森。

其实，曼联一直在盯着C罗呢。早在一年之前，弗格森的助理教练、同为葡萄牙人的奎罗斯，就把我们的年轻天才推荐给了"红魔"主帅。不过，调教过、对阵过无数顶级巨星的"弗爵爷"深谙一个道理：只有自己亲眼所见，才能对一名球员的天赋产生最直观、最深切的认识与感受。

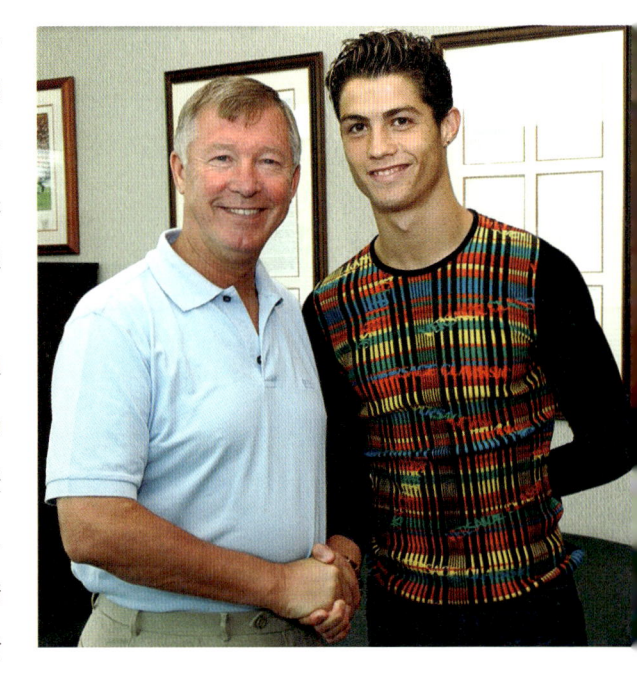

在这场友谊赛中，弗格森看到了他想看到的一切。C罗本场首发出场担任左边锋，对上的是曼联右后卫约翰·奥谢。奥谢是曼联青训出身，比C罗大4岁，此时，他已经在一线队站住脚跟，算得上小有名气，连英超对手都要敬他三分。

可是，他偏偏遇上了C罗，一个根本不把他放在眼里的年轻后生，于是，他经历了噩梦般的45分钟。

C罗宛如球场上的精灵，轻盈敏捷，灵动跳脱，不断地"踩单车"、玩花活儿，搞得这位未来的曼联队友狼狈不堪、丢尽颜面。

堂堂奥谢，何时受过如此羞辱？难熬的半场比赛结束，回到更衣室之后，他崩溃了，大吼着："这个该死的小子到底是谁？"

弗格森却满意地笑了，根本不理会暴怒的奥谢，立刻向曼联俱乐部的 CEO 肯扬下了"死命令"：不签下 C 罗，曼联就不离开葡萄牙。这个染着金发的小子，他要定了！

当时，曼联已经将大卫·贝克汉姆卖给了皇马，痛失这位最具知名度、影响力和票房号召力的英格兰头号"摇钱树"，还在与巴萨的竞争中败下阵来，无缘签下巴西的天才球星罗纳尔迪尼奥。

所幸，这一次，他们没有再错过更加年轻、更有未来的 C 罗。1224 万英镑的转会费，现在看不算什么，当年可不是一个小数目。曼联与葡萄牙体育达成协议，没有拖延，不用回租，C 罗，立即、马上、火速登陆"梦剧场"。

在葡萄牙体育，C 罗穿的是 28 号，来到曼联之后，他还想继续，这也符合新人、小将的身份定位。但令人完全没有想到的是，弗格森竟然毫不犹豫甚至有些强硬地将曼联队史上最传奇的号码——7 号——塞给了他。

7 号球衣之于曼联的意义，足球迷们都知道。它，代表的是这家俱乐部的无上荣光，是从乔治·贝斯特、布莱恩·罗布森、埃里克·坎通纳、大卫·贝克汉姆继承下来的伟大传统——所谓"衣钵"，即如此。

在这些伟大 7 号当中，与博比·查尔顿爵士、丹尼斯·劳并称"神圣三位一体"的乔治·贝斯特，为曼联 1968 年首次夺得欧冠冠军立下过汗马功劳，尤其是在"红魔"对阵本菲卡队（以下简称"本菲卡"）的欧冠决赛加时赛中，这位威尔士边锋打入了一粒至为关键的球。

至于大卫·贝克汉姆的故事，球迷们都非常熟悉：1999 年欧冠决赛的伤停补时阶段，中国球迷口中的"小贝"，用两次极其精准的角球传中，帮助谢林汉姆和索尔斯克亚连进两球，曼联 2 比 1 神奇逆转拜仁慕尼黑，第二次捧起大耳金杯，缔造了英格兰足坛史无前例的三冠王伟业。

那么问题也就来了：曼联的新 7 号，能为他们带来队史第三座欧冠奖杯吗？

第一章　初见

初试啼声
鸣惊人

欧冠之王

C罗不怎么开心。

2003年9月16日，新赛季的欧冠小组赛第一轮，曼联主场迎战希腊劲旅帕纳辛奈科斯。5比0，弗格森的球队赢得轻松愉快、兵不血刃。索尔斯克亚、尼基·巴特、福琼、西尔维斯特都取得了进球，就连和C罗一起加盟的新援杰姆巴·杰姆巴，都替补建功了。

唯独C罗，在板凳席上枯坐了90分钟，没有捞到哪怕一分钟的出场时间，说好的一进豪门就能踢欧冠呢？谁说的7号就等于绝对主力呢？

"老爵爷"宁愿用边后卫菲尔·内维尔客串右前卫，也没给他登场亮相的机会。但是，这绝非不信任C罗。恰恰相反，这完全是出于对C罗的爱护与保护，弗格森是不希望这个只有18岁的少年，一上来就承受太大的压力，"我们得呵护这个年轻人，必须谨慎使用他"。

不过，该来的，终究是要来的。半个月之后的小组赛第二轮，曼联做客挑战德国球队斯图加特。C罗首发亮相，身穿黑色的客场战袍，迎来了职业生涯的欧冠正赛处子秀。

昂首挺胸，C罗迈入了梅赛德斯-奔驰体育场。与资格赛首秀时的内心"小鹿乱撞"相比，现在的他多了几分从容与潇洒，完全不像是一个初试啼声的"菜鸟"。而无意间见证历史的斯图加特队的球迷们，望着这个还叫不上名字的年轻人，心中突然闪出一个念头：他，似乎就是为欧冠而生的！

那支斯图加特队，是2002-2003赛季的德甲亚军，阵中拥有希尔德布兰、拉姆、

17

欧冠之王——C罗

欣克尔、赫莱布、库兰伊等年轻一代中的佼佼者，整体实力相当强劲。该队的匈牙利前锋绍比奇更是大放异彩，先是自己独创龙潭、打破场上僵局，然后又助攻锋线搭档库兰伊破门得分，将领先优势扩大为 2 比 0。

那么，欧冠正赛首秀，C 罗的表现如何呢？

虽然只是初来乍到，但他立刻成为曼联的任意球主罚手，几脚罚球尝试，甚至还可以看到后来"电梯球"的一些影子。可惜的是，它们全都没有给希尔德布兰带来足够的威胁。

直到比赛第 67 分钟，属于 C 罗的时刻突然就来了：对方球员禁区内解围失误，球击中立柱后弹出，曼联右后卫加里·内维尔冲得太快，错过了补射机会。但是，C 罗恰好拍马赶到，他机警地抢在希尔德布兰之前拿到球，并将自己的身体卡在对方身前，再顺势向前一倒，哨声响起，当值主裁毫不犹豫地指向 12 码——点球！

希尔德布兰对此相当不满，愤怒地指责 C 罗"假摔"。年轻气盛的葡萄牙小将当然不肯示弱，反唇相讥，两人发生了激烈口角。范尼斯特鲁伊轻松将球罚入网窝，为"红魔"扳回一城，可终究还是难以挽回败局。

于是，C 罗的欧冠处子球，只能无奈延后，另待时日了。而这一"待"，不知要等待多久了。反正小组赛第三轮，对阵苏格兰豪门格拉斯哥流浪者，他重返替补席，没有出场；第四轮再战流浪者，他却又回到首发。接下来的两轮也是如此：面对帕纳辛奈科斯，连续首发；最后一轮主场迎战斯图加特，又连比赛大名单都没进。

5 胜 1 负，曼联顺利晋级欧冠 16 强，不变的是，C 罗依然没有收获进球。

一见狂人
误欧冠

欧冠之王

欧冠八分之一决赛，曼联碰到了一个陌生的对手——与葡萄牙体育、本菲卡并称"葡萄牙三大豪门"的波尔图队（以下简称"波尔图"），以及他们那位年仅41岁的主教练若泽·穆里尼奥。

穆里尼奥，桀骜不驯，目空一切，风流倜傥，口吐莲花。此时的他，已经声名鹊起：2003年夏天，率领波尔图夺得欧洲联盟杯的冠军，但联盟杯的名号和影响力，与欧冠是不可同日而语。

弗格森VS穆里尼奥，这是两代名帅的第一次交锋，但却不是C罗与穆里尼奥的第一次碰面。说来也不奇怪，C罗还在葡萄牙体育踢球时，就在葡超联赛里与"魔力鸟"有过较量，他的惊人天赋，也给这位狂傲不羁的同胞少帅留下了极为深刻的印象。别忘了，两人还有一个共同的经纪人门德斯呢。

如此重要的欧冠大战，弗格森竟然又一次没让C罗首发！首回合，曼联做客波尔图的巨龙球场，C罗重返祖国，衣锦还乡，自然想在江东父老面前好好表现一番。可直到比赛第78分钟，他才替补法国前锋路易斯·萨哈登场，还没来得及发挥，就带着1比2的比分离开了。

次回合回到老特拉福德球场，C罗的出场时间更晚，直到比赛第84分钟，他才换下了挪威前锋索尔斯克亚，更没有时间施展拳脚。

1比1平，曼联被波尔图爆冷淘汰，无缘欧冠八强。穆里尼奥留下了滑跪庆祝的经典画面，也从此与"红魔"结下了不解之缘。而比赛结束后，弗格森拎着红酒，去客队更衣室庆祝对手的胜利，这种胸襟和气魄，更是令"狂人"彻底折服。

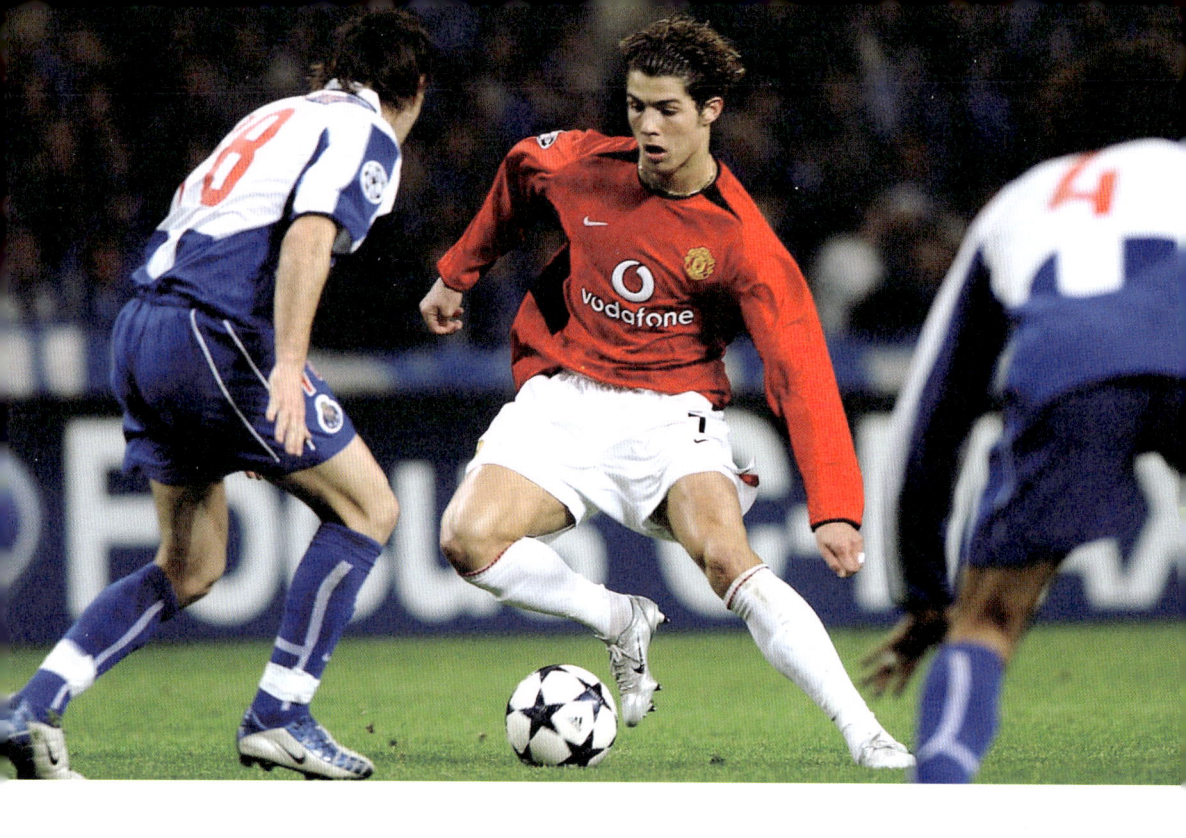

从那之后，穆里尼奥心里就一直惦记着执教曼联这件事儿。据说他2013年时曾因为无缘接班退休的弗格森而失声痛哭。

十二年之后的2016年，他才如愿以偿，执起"红魔"的教鞭，当然，最后的结果并不那么愉快。而在那之前，穆里尼奥已经与C罗做过师徒，只是两人的"强强合作"，并不足以赢得一座欧冠冠军——这些都是后话。

欧冠正赛的处子赛季，C罗还是没有打破0球魔咒，只是创造一粒点球。这样的成绩不算出色，更谈不上惊艳，但对于只有18岁的他来说，品尝到了欧冠的真正滋味，就是最大的收获。

在曼联这样的顶级豪门，想要更进一步，日后有的是机会，并不急于这一朝一夕。毕竟，这只是他加盟球队的第一个赛季，需要适应，更需要成长；需要呵护，更需要磨砺。

再来说说波尔图吧。淘汰曼联之后，他们越战越勇，连克法国豪门里昂队（以下简称为"里昂"）、西甲劲旅拉科鲁尼亚队（以下简称"拉科鲁尼亚"），一举杀入了欧冠决赛。

第一章 初见

2004年5月26日，德国盖尔森基兴的奥夫沙尔克球场，波尔图与摩纳哥上演"黑马对决"。两队主帅穆里尼奥和德尚，球员时代的成就可谓相去霄壤：同样司职中场，一个是世界杯和欧洲杯的冠军，几乎拿遍所有荣誉；另一个则默默无闻，24岁就早早退役。

可是，执教看的不是资历，而是能力。法国边锋久利的受伤离场，给了德尚当头一棒。穆里尼奥的球队完全掌控比赛局面，卡洛斯·阿尔贝托、德科、阿列尼切夫先后破门，一场3比0完胜，波尔图时隔17年第二次捧起欧冠奖杯。这也是穆里尼奥执教生涯收获的第一座欧冠奖杯。

有一说一，那支波尔图虽然拥有德科这样的中场帅才，但整体上缺乏星味，个人能力不够突出，踢得也不那么漂亮，更多地依靠整体和团队作战。而穆里尼奥高举快速反击的大旗，与同一年希腊问鼎欧洲杯冠军时的打法，简直不谋而合。这标志着实用主义风格在欧洲足坛的悄然兴起。

夺冠之后，穆里尼奥并没有参加庆祝仪式，而是直接去里斯本的海滩度假，真够"狂"的。

2004年夏天，"狂人"离开波尔图，接受切尔西老板阿布拉莫维奇的邀请，来到英超联赛，执掌"蓝军"帅印。而为了应付这个强敌，弗格森从埃弗顿买来了英格兰天才前锋韦恩·鲁尼，但更重要的是，他必须得更加悉心地调教、更加大胆地使用C罗了。

正巧，那年夏天，C罗也经历了职业生涯的第一次大赛洗礼。2004年欧洲杯，

欧冠之王——C罗

还只是葡萄牙国家队 17 号的他，在老大哥鲁伊·科斯塔和路易斯·菲戈的庇护下展翅翱翔，小组赛首战希腊、半决赛对阵荷兰，各进一球，让自己的名字响彻整个世界足坛！

可惜的是，决赛再战东道主希腊国家队，葡萄牙国家队 0 比 1 饮恨，而还是个孩子的"小小罗"，一下子哭成了泪人。

大赛首秀就打入两球，18 岁的 C 罗做得足够好了，但比起另一位超级天才来，还是有些相形见绌。鲁尼同样迎来了个人的大赛首秀，结果小组赛他连续两场梅开二度，一共踢进 4 球，高居射手榜第二。

四分之一决赛，葡萄牙国家队 VS 英格兰国家队，两人同时首发，正面对决。C 罗在右路踢得风生水起，搅得世界上最好的左后卫阿什利·科尔不得安宁。鲁尼在第 27 分钟就因右脚受伤被换下场——两个月之后，他们就在曼联成为队友。

任何一种伟大的铸就,都未必是从美好开始,正所谓"宝剑锋从磨砺出,梅花香自苦寒来"。

C罗的"成王之路",也是如此。

不过,他在这趟征程中迈出的这第一步,此时细细回味,又仿佛意味深长:人物都已经聚齐,剧本也已经写好,好戏,该开锣了!

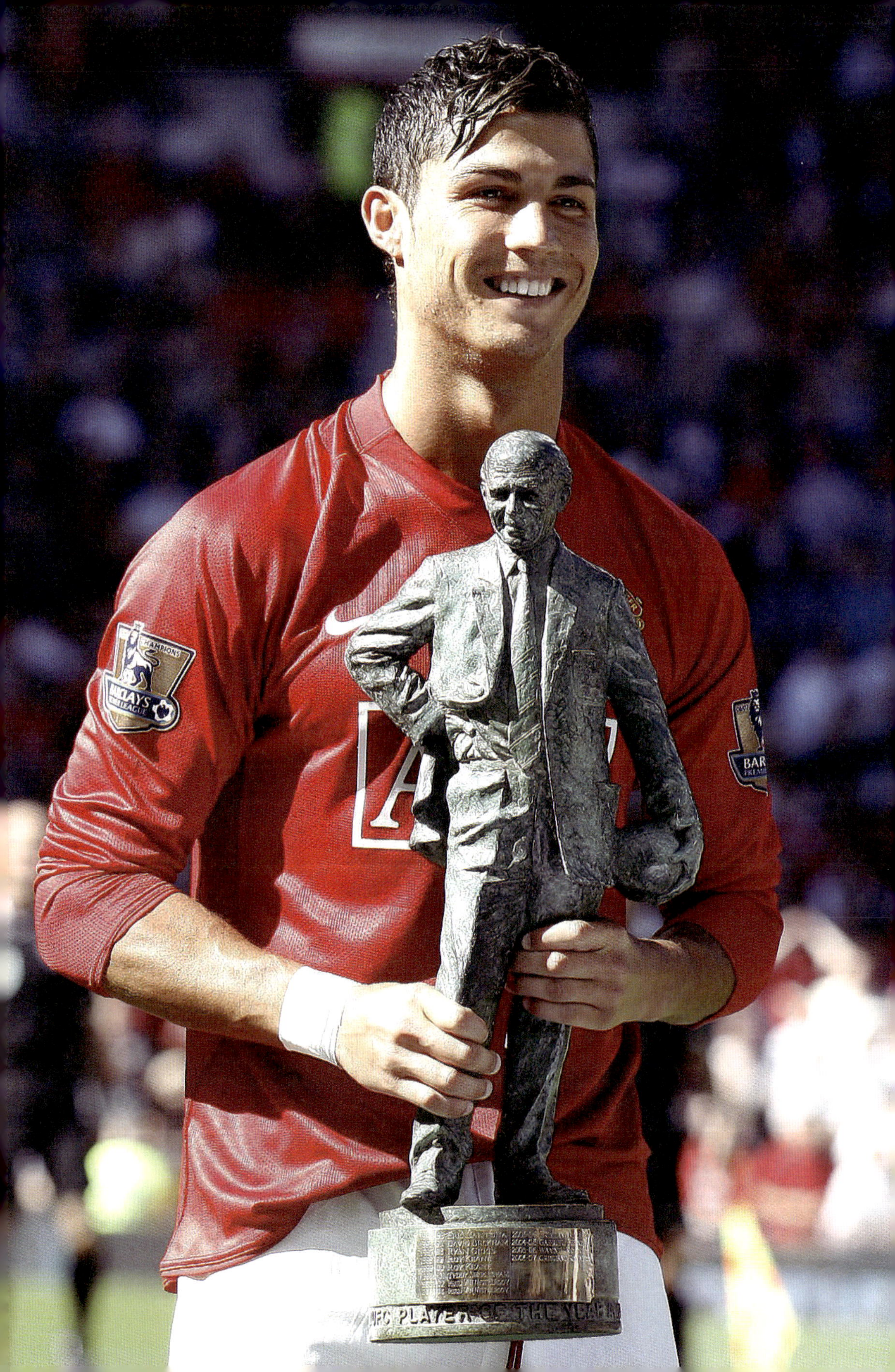

第二章
起航

"他不是真正的罗纳尔多,买下他真是浪费钱!"曼联球迷曾经这么评价过初来乍到时的C罗。但谁也逃不过"真香定律",很快,他就成为"魔蜜"的英雄、梦剧场的骄傲。而提到C罗,鲁尼总会笑着说:"穿上球衣和球鞋,看着自己在镜子里的影子,这是他每场比赛都会走一遍的流程。还有谁的自信比他的更强大?"自信,成就了C罗;鲁尼,也成就了C罗。

金风玉露乍相逢

C罗和鲁尼，曼联曾经的"绝代双骄"，两位总能引起"红魔"拥趸无限感慨的人物。他们之间有着怎样的关系呢？用"互相成就"来形容，可能会比较贴切，但也并不完全吻合。

这么说吧：没有C罗，鲁尼也许拿不到那么多的冠军荣誉；而没有鲁尼，C罗攀登足坛最高峰的步履，可能会变得更为蹒跚。

2021年初，当C罗还在追逐着自己的第六个欧冠冠军时，比他小8个多月的鲁尼，却已宣布挂靴，成为英冠球队德比郡的主帅。而在17年前的2004年，两人的处境，与现在却是截然相反：尽管C罗早来曼联一年，但鲁尼才是英格兰足坛、英超联赛、老特拉福德球场的那个宠儿。

鲁尼，成名于一个秋日的午后。那是2002年10月19日，一个原本并不特殊的日子，因为一粒进球，被后人所铭记。

埃弗顿坐镇古迪逊公园球场迎战阿森纳。比赛第80分钟，还差5天才满17周岁的鲁尼，换下了加拿大前锋拉津斯基。仅仅10分钟后，他在禁区前沿偏左的位置接球，聪明地躲开了阿森纳漫不经心的后防线，然后，右脚轰出了那记弧线球远射。

足球越过了英格兰老国门大卫·希曼的头顶，击中了球门横梁的下沿，入网得分。

于是，年仅16岁360天的"鲁小胖"，打破了当时的英超历史最年轻进球纪录，终结了阿森纳30场英超不败的纪录，从此一球成名，开始受到英格兰球迷的疯狂追捧，自然也得到了众多球队的热烈追求。

与葡萄牙体育时期的C罗一样，鲁尼一定会离开埃弗顿，去寻找更大的舞台。

果然，2004年8月，他主动递交了转会申请。原本非常希望与之续约的"太妃糖"，只能无奈地接受了现实，并在拒绝了纽卡斯尔2000万英镑的报价之后，最终同意将鲁尼卖给曼联，转会费2560万英镑——这，创造了20岁以下球员的世界转会费纪录。

鲁尼和C罗同龄，都出生于1985年，只不过他的生日更小，是10月24日。虽然是天蝎座，但他非常直率，勤奋低调，富有责任感，是值得依靠和托付的对象，而这种品质，让他成为C罗职业生涯的最佳搭档之一。

不过刚来梦剧场，鲁尼就抢走了"小老哥"的风头。2004年9月28日，曼联在欧冠小组赛中主场迎战土耳其劲旅费内巴切。他身穿8号球衣首发登场，上演"红魔"生涯和欧冠生涯处子秀，直接就迎来爆发！

比赛第18分钟，曼联的头号射手范尼斯特鲁伊送出直塞，鲁尼单刀赴会，左脚

第二章 起航

抽射破门，打入欧冠生涯的处子球！第 29 分钟，他如坦克一般碾过对方后卫，右脚远射轰出世界波，梅开二度！第 54 分钟，"小胖"又用自己的右脚抽出"圆月弯刀"，直接任意球攻门入网，上演帽子戏法！

曼联首秀，欧冠首秀，主场首秀，连进三球——如果用两个字来形容鲁尼的表现，那就是"炸裂"！你甚至找不出比这更完美、更惊艳的开始了，曼联历史上没有，欧冠历史上也没有。

而此时的 C 罗却只能在场边干坐着，全程行注目礼，看完新队友的精彩演出。这场比赛，他未能登场，更别提进球，0 比 3，欧冠进球数，就这样被鲁尼迅速甩在身后。

当然，即使是最出色的预言家也无法预料到，这一场比赛，鲁尼就进了他整个欧冠生涯总进球数的十分之一！16 年之后，"小胖"的欧冠进球数已经彻底定格为 30 个，直到退役，也没有再增加。可 30 球，还不到 C 罗欧冠生涯总进球数的一个零头。

这并不奇怪。因为不像在游戏里，"预言家"并不真实存在。C 罗当时不被看好，是再正常不过的事情了：整个 2004-2005 赛季，他各项赛事一共才打进 9 球，没有达到两位数；英超出场多达 33 次，也只斩获区区 5 球，还远远不是未来那个无

31

所不能的"进球机器"。

相比于"二年级生"C罗，"一年级生"鲁尼在加盟曼联的第一个赛季，各项赛事就已经贡献17球，在英超也轰入11球，达到两位数——谁是曼联未来的希望和核心，似乎一目了然、很好预测吧？

鲁尼与C罗"开局"的差异，究其原因，是对英格兰足球的适应程度不同。鲁尼从小一直在这个环境里踢球，来到曼联之前，就已经有过英超出场和进球的经验了。而且，他的身体素质更加出色，球风也更直接、更对路，同时还是万众期待的"大英新帝星"，因此获得了非常有利的舆论环境。

C罗则初临贵境，需要适应的东西还有很多：天气，饮食，语言，习惯；足球风格，比赛规则，对抗程度，犯规尺度，等等。他的身材也还很瘦削，不利于拼抢和对抗。再加上拉丁裔球员血液里天生具有的那一点儿"小机灵"，所以经常陷入"假摔"的指责当中，受到更大的舆论压力。

这也是弗格森一直对C罗采取"保护"策略的重要原因之一。

不过，弗格森已经逐渐在给他"加量"了。这个赛季的欧冠小组赛，C罗只有两场比赛未能首发；八分之一决赛面对AC米兰，他更是被委以重任，肩负攻城拔寨的使命，可第一粒欧冠进球，就是偏偏不来，非常倔强。

于是，年轻的C罗，只能眼睁睁地被"红黑军团"的主力中锋、比他年长10岁的克雷斯波"教做人"。阿根廷射手主客场各进1球，两个0比1，他和他的曼联就这么跪倒在欧冠八强的大门之外。

淘汰曼联之后，AC米兰一路杀入决赛，直抵土耳其名城伊斯坦布尔的阿塔图克奥林匹克球场，他们的对手是曼联的死敌、英超豪门利物浦。

2005年5月25日，"君堡论剑"，一决生死。那是一场彪炳欧冠史册的伟大决战，是一场荡气回肠的超级大逆转，10多年之后回过头来再看，哪怕已经知道比赛的最终结果，心情也会随着剧情的推进而跌宕起伏，不能自已。

上半场，安切洛蒂的AC米兰取得了3比0的大比分领先，两只手似乎都已经

摸到了冠军奖杯。然而到了下半场，贝尼特斯的利物浦却有如神助一般，在队长杰拉德的带领下，一鼓作气连追三球，硬生生地将比赛拖入到加时赛，乃至点球大战！最终，利物浦凭借波兰门神杜德克的"大腿舞"，赢得了这场惊心动魄的"12码轮盘赌"。

此时此刻，C罗却无心关注欧冠决赛的结果，因为他还沉浸在点球大战失利的痛苦当中。四天之前的足总杯决赛，曼联与阿森纳也是激战至最后一刻。他第三个出场，右脚射门，轻松攻破了德国国门莱曼的十指关。奈何，保罗·斯科尔斯的点球被拒之门外，"红魔"只能屈居亚军，未能成功卫冕。

三个多月之后，更大的痛苦突然袭来，与之相比，丢冠的悲痛，不及万一。

2005年9月7日，葡萄牙在2006年德国世界杯的预选赛中做客挑战俄罗斯。就在比赛的前一天晚上，C罗突然被叫到了主教练斯科拉里的房间。在那里，他听到了一个惊天噩耗：他的父亲迪尼斯·阿贝罗，因为酗酒过度导致的肝脏问题，在英国去世。

这个20岁的年轻人惊呆了，呆若木鸡，难以置信，然后崩溃了，泪水止不住地从他的眼眶之中涌出。被笑话为"爱哭鬼"的他，曾在马德拉和里斯本的训练场上哭过很多次，可没有任何一次，这么悲痛欲绝。

双十年华，就失去了自己的父亲，"子欲养而亲不在"是痛苦，更痛苦的是，

欧冠之王——C罗

连父亲的最后一面都没见到。就算他立刻离开葡萄牙下榻的酒店,回去奔丧,也不会见到了。

可是,稍微冷静下来之后,C罗就拒绝了教练和队友们的好意与劝说,坚持留在队中,继续参加这场对于葡萄牙国家队出线来说至关重要的比赛。

C罗不仅参加了,而且还是首发。不过比赛一结束,他就马不停蹄地飞回家乡马德拉岛,直奔父亲的葬礼,送乃父最后一程。和他一起赶来的,还有斯科拉里和门德斯——从那天开始,他称呼斯科拉里为"父亲"。

C罗与父亲的关系,不如与母亲那么亲密。但是,父亲把他带上了足球这条路,是他的"启蒙老师",并一直鼓励他走下去。这些年来,他也一直在劝父亲戒酒,帮助父亲进行治疗,可惜,最终还是无济于事。

这当然是一桩憾事,不过,也是一个"反面教材"。正是因为从小目睹、亲身经历了如此悲痛的教训,C罗才会滴酒不沾,就算是在圣诞节聚会上,也不碰酒杯一下,整个职业生涯都保持着非常健康、极其自律的生活方式。

砥砺奋进
创历史

夹在两大痛苦之间，唯一值得高兴的事情，是C罗的欧冠处子球，终于诞生了。

2005年8月9日，2005-2006赛季的欧冠资格赛第三轮，曼联主场迎战匈牙利球队德布勒森。C罗首发登场，与鲁尼、范尼斯特鲁伊组成锋线。而在两位搭档接连破门之后，轮到他表演了。

比赛第63分钟，曼联右后卫加里·内维尔压上助攻，送出直塞；范尼斯特鲁伊展现出中锋的支点作用，回撤接球、转身分球；鲁尼禁区右侧接球，倒三角传中；C罗机敏地插到中路，在无人盯防的情况下，轻松推射空门入网，锁定3比0的胜局！

这就是C罗在欧冠赛场上打入的第一球！不过，这粒"处子球"有些特殊，因为它是诞生于欧冠资格赛，并非正赛阶段，所以是否应该算在欧冠总进球数之内，不同的数据统计机构历来有着不同的说法。

曼联成功晋级欧冠32强，却在小组赛爆出了天大冷门：6场比赛，他们3平2负只赢1场，最后4战竟然一胜难求，最终排名倒数第一，连"降级"参加欧洲联盟杯的资格都没捞到，直接出局！而这个赛季的欧冠冠军则属于来自西甲的巴萨。

C罗场场不落，全部首发，却一球未进，这样的表现，自然也招来部分球迷的批评。

这已经是C罗来到曼联的第三个赛季，而这三年，也是曼联痛苦转型的三年。第一个赛季，阿森纳在阿尔塞纳·温格的带领下难逢敌手，以38轮不败的骄人战绩，问鼎英超冠军；第二个和第三个赛季，切尔西又在穆里尼奥的指挥下强势崛起，完成了英超首冠与两连冠。

第二章 起航

弗格森爵士的曼联则可谓内外交困。赛场内，"红魔"已经连续三年无缘英超奖杯，甚至还在2005年12月失去了效力12年之久的铁血队长罗伊·基恩；赛场外，俱乐部老板换成了格雷泽家族，美国人通过杠杆交易收购曼联，让俱乐部背上了沉重的债务，直到今天都没还完。

不过，"老爵爷"并没有将英超无冠放在心上，因为C罗、鲁尼等年轻一代，正在茁壮成长。2005-2006赛季，C罗各项赛事的进球数终于达到两位数——12球，也夺得了曼联生涯的第二座奖杯——联赛杯冠军。

那场决赛，曼联的对手是维冈竞技。比赛第59分钟，对方后卫亨科兹解围失误，萨哈断球后无私送出助攻，C罗禁区右侧右脚低射，洞穿对方的城门。进球之后，他脱下球衣，激情怒吼，露出一身健硕的肌肉，用鲜活的事实证明，经过极端努力、坚持不懈的训练与健身，他的身体产生了翻天覆地的变化，朝着"魔鬼肌肉人"一去不复返。

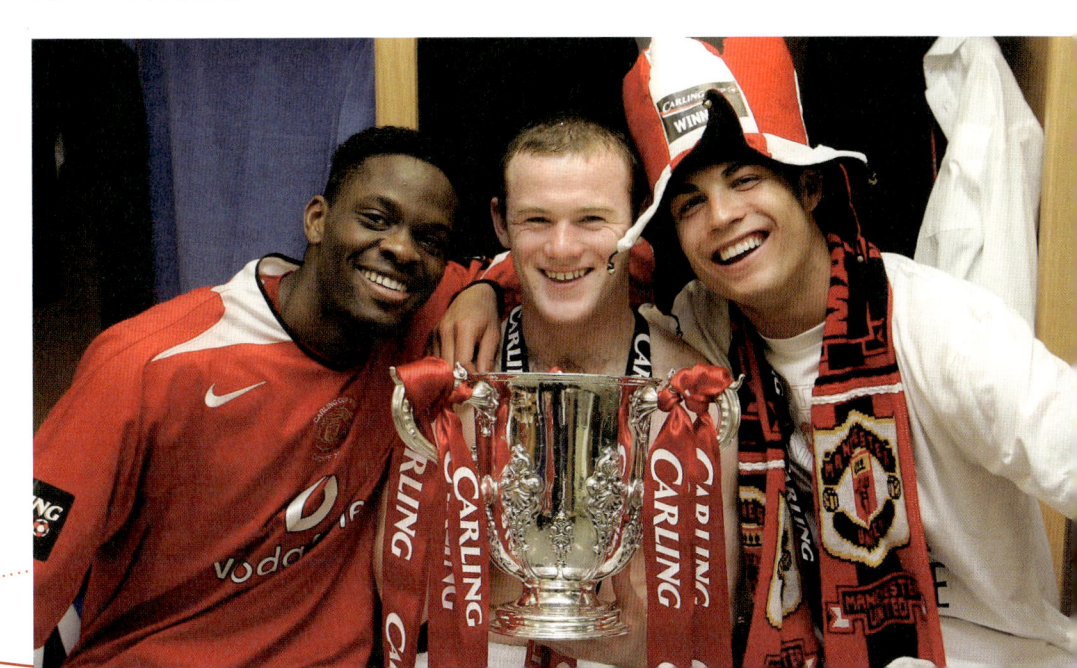

欧冠之王——C罗

然而，C罗还不是曼联队内最好的那位球员。范尼斯特鲁伊、鲁尼、萨哈的进球数，都要比他多；"鲁小胖"各项赛事的首发场次，也比他多了7场。但无论谁的表现暂时更好，弗格森都将C罗和鲁尼视为曼联的建队基石。

可是，让人万万想不到的是，2006年的夏天，这两个年轻人竟然差点儿决裂，C罗差点儿因此离开曼联。

德国世界杯的四分之一决赛，葡萄牙国家队VS英格兰国家队。

继两年前的欧洲杯之后，C罗与鲁尼再次在国家队大赛中碰面。这一次，C罗担任的是左边锋，面对他的俱乐部队友加里·内维尔。鲁尼踢的是中锋，对面是切尔西的主力中后卫里卡多·卡瓦略。

比赛第62分钟，卡瓦略在拼抢时摔倒在地，鲁尼不经意地踩到了他的大腿腹股沟。C罗立刻冲上前去，与当值主裁埃利松多进行理论。

事后，有英国媒体声称，C罗当时是在要求裁判向鲁尼出示红牌。鲁尼则对C罗的行为相当不满，推了他一把。

最终，埃利松多还是掏出了红牌，将英格兰队9号罚下，这间接导致了三狮军团的出局。而C罗冲着鲁尼"调皮"地眨了一下眼睛，一副诡计得逞的样子，这一幕正好被摄像镜头拍下，为全世界球迷所目睹，并迅速登上了全球所有体育报纸、杂志、网站的封面头条。

然而，事实的真相究竟是什么呢？

C罗迅速做出回应，坚称自己并没有向裁判施压，眨眼睛的对象也不是鲁尼，而是教练席上的斯科拉里。鲁尼则说，自己

第二章 起航

在球员通道等着 C 罗，两人当场就把事情给说开了，还约定"几周之后见，让我们一起努力赢得英超冠军"。至于曼联俱乐部，就更没有卖人的打算了，完全没有。

不过，来自"舰队街"铺天盖地的批评声浪，还是让 C 罗感到心烦，于是萌生出了离开曼联的念头。闻知此事，弗格森大惊失色，立刻与曼联俱乐部的时任 CEO 大卫·吉尔一道飞赴葡萄牙的阿尔加夫，与正在那里度假的 C 罗进行面谈。

当着恩师的面，C 罗真诚表达了自己想要逃离英国、去西班牙踢球的愿望，想要加盟皇马或者巴萨的梦想。但是，在"老爵爷"的极力安抚与劝说下，他还是放下心理包袱，改变心意，回到了曼联。

这起事件、这场风波，对于 C 罗的洗礼，甚至要超过 2004 年欧洲杯决赛的痛失冠军。仿佛一夜之间，他变得更加坚强、更加成熟、更加稳定、更加专注。

幸亏没有离开曼联，否则，C 罗的职业生涯真的未必会达到现在的高度。

曼联上下对他的全力支持，让 C 罗感受到家一般的温暖，而他以加倍的刻苦训练作为回报。更重要的是，前曼联预备队教练雷内·穆伦斯丁回归球队，担任弗格森的助手，在这位荷兰教头的帮助下，C 罗在射门技术方面取得了显著的提高！

穆伦斯丁主要负责曼联的技术训练。他对 C 罗展开"特训"，改变了 C 罗的射门习惯、无球跑动、技术细节，尤其鼓励 C 罗在射门之前，先把自己调整到禁区内最佳的得分位置，将他锤炼得更像一名射手。

后来，C 罗自己也说过："以前我进球是追求完美，但在穆伦斯丁的建议下，我

欧冠之王——C罗

转变成了高效的射手。"球是怎么进的，不重要；重要的，是把球打进——这一理念，深深地改变了他，影响至今。

此外，C罗还观看了索尔斯克亚、范尼斯特鲁伊、安迪·科尔、约克、谢林汉姆等队友或前辈的录像视频，学习他们的跑位和射门技巧，不断进步，精益求精。

功夫不负有心人，一切水到渠成。终于，C罗在2006-2007赛季迎来了大爆发：英超打入17球，首次达到两位数；各项赛事攻进23球，职业生涯首次打破20球大关！而这23粒进球里，就有3球是在欧冠赛场上斩获的。

是的，C罗的欧冠正赛处子球，总算是姗姗迟来了！

该赛季的欧冠小组赛，面对葡萄牙劲旅本菲卡、丹麦球队哥本哈根、苏超豪门凯尔特人，他都空手而归；八分之一决赛两战里尔，他也只送出一次助攻；四分之一决赛首回合做客罗马，曼联1比2告负，他依然没能用进球来挽回败局。

直到2007年4月10日这一天，"红魔"回到老特拉福德球场，主场迎战"红狼军团"。C罗首发登场，与吉格斯分居两翼，鲁尼则与阿兰·史密斯搭档双前锋。

开场第11分钟，C罗就小试牛刀，在右路转身闪开对方的左边锋小曼奇尼，将球横推中路，卡里克跟上右脚正脚背搓射，球蹿入球门右下角，1比0！曼联首开纪录，也将总比分扳成了平局。

比赛第 17 分钟，海因策左路传中，吉格斯顺势将球敲到中路，史密斯右脚凌空推射破门，2 比 0。仅仅 2 分钟之后，吉格斯禁区右侧右脚送出低传，鲁尼门前包抄左脚推射入网，3 比 0。

上半场结束前的第 44 分钟，属于 C 罗的时刻来了：吉格斯中圈发动反击，一脚精准传球找到右边的克里斯蒂亚诺。曼联 7 号带球内切，一个变线闪开帕努奇，右脚迅疾低射球门右下角。球直入网窝，罗马门将多尼毫无机会。欧冠正赛的处子进球，134 球里面的第一球，就此诞生。

在山呼海啸的梦剧场里，C 罗闭着双眼，挥舞右拳，纵情驰奔，尽情享受着曼联球迷如潮水般的欢呼。要不是队友达伦·弗莱彻拽着他一起庆祝，他可能会更加恣肆。

不过庆祝的机会还有，就在下半场开始后的第 3 分钟，吉格斯左侧角球传中被顶出，但鲁尼就地反抢成功；吉格斯左路直接低传，阿兰·史密斯抢前点没有碰到球，但 C 罗后点包抄而至，右脚铲射空门得手，梅开二度。

这一次，他直接跑到了曼联死忠球迷所在的角旗区，与拥趸们一起欢庆，史密斯还兴奋地跳上了他的后背，留下了一张经典的合影。

C 没有华丽的过人，没有花哨的假动作，像个真正的前锋、真正的射手那样，C 罗一脚射门，一次抢点，收获了欧冠正赛的前两粒进球。

两粒进球还很少，还赶不上队友鲁尼和范尼斯特鲁伊，在欧冠的历史射手榜上，他的前面还有着数不清的对手。但至少从此刻开始，"欧冠历史射手王"正式踏上了攀登与征服的荣耀之路！

追风之子
飞也驰

7比1！曼联血洗罗马，以9比2的总比分完成惊天大逆转，挺进欧冠八强。而两周之后，他们就在四分之一决赛遭遇意甲豪门AC米兰。

首回合坐镇老特拉福德球场，曼联3比2险胜，C罗再次进球。开场仅5分钟，吉格斯右侧角球传中，他在禁区中路高高跃起，头球攻门，巴西国门迪达扑了一下球，却未能阻止它飞向球门。

虽然跟着冲入球门的阿根廷国脚海因策，以为是自己将球打入的，但这粒进球，还是理所当然地归在C罗的名下。

然而，C罗的光芒，却被另一位天才球星给夺走了——AC米兰的巴西中场卡卡。

卡卡成为比赛的真正主宰者：先是接西多夫直塞杀入禁区，左脚推射扳平比分；而后又上演单骑闯关的好戏，头球点过弗莱彻，右脚挑过海因策，诱使后者与补防过来的埃弗拉

第二章　起航

相撞，旋即单刀推射，攻破范德萨的十指关！

虽然鲁尼梅开二度，帮助曼联艰难获胜，但坐拥两个客场进球，还是让 AC 米兰占据优势。果然，回到圣西罗球场，AC 米兰 3 比 0 大破曼联，以 5 比 3 的总比分淘汰英超豪门，强势晋级欧冠半决赛。

为 AC 米兰打开胜利之门的，又是卡卡。那么 C 罗呢？他被意大利"铁腰"加图索和右后卫奥多联手冻结，未能连续三场欧冠比赛破门得分。

欧冠虽然出局，但在联赛里，C 罗期盼已久的时刻终于到来了——曼联力压切尔西，夺得 2006-2007 赛季的英超冠军！C 罗则以 17 粒进球，排名英超射手榜第三，仅次于 20 球的切尔西"魔兽"迪迪埃·德罗巴、18 球的布莱克本前锋本尼·麦卡锡。

而有了英超冠军之后，C 罗在曼联的目标就只剩下一个——欧冠冠军！

再来看晋级的 AC 米兰。与两年前一样，"红黑军团"踩着曼联高歌猛进，一直杀入欧冠决赛。但与两年前不同的是，2007 年的卡卡已经变得更加成熟，世界级巨星的风采完全显现出来。

决赛再战利物浦，AC 米兰在上半场结束前率先取得领先：皮尔洛任意球传中，"超级皮波"因扎吉如幽灵般杀出，用身体将球挡入大门。

第 82 分钟，卡卡送出标志性妙传，因扎吉反越位成功，过掉对方门将雷纳，小角度扫射入网，梅开二度。2 比 1，这一次没有逆转，"红黑军团"复仇"红军"，在希腊雅典的奥林匹克球场，捧起欧冠大耳杯。

10 粒进球，卡卡以中场球员的身份荣膺该赛季的欧冠金靴奖，而且比 C 罗多进 7 球。那一年，巴西球星还同时荣获了金球奖、世界足球先生两大殊荣，走上了职业生涯的巅峰，更凭借英俊帅气的面容，成为备受女性球迷喜爱的足坛第一偶像。

2007 年 12 月 17 日，卡卡参加了国际足联举办的颁奖典礼，在聚光灯下，在掌声之中，领取了世界足球先生的奖杯。此时此刻，站在他身旁的是两个年轻人——左边那位，是小他 3 岁的 C 罗；右边那位，则是小他 5 岁的梅西。

欧冠之王——C罗

一生之敌 终出世

利奥内尔·梅西，出生于1987年6月24日，比C罗小了869天。

他的出生地，是阿根廷圣菲省的罗萨里奥，一座距离布宜诺斯艾利斯300千米的城市。罗萨里奥有两支球队，互为死敌——罗萨里奥中央和纽维尔老男孩，而梅西全家，几乎都是老男孩队的球迷。

他的父亲豪尔赫·梅西，13岁时就在这家俱乐部训练，直到服兵役时才离开。哥哥罗德里戈和马蒂亚斯，也都跟随老爸的脚步。然后，就是梅西了。

1994年3月21日，经过一个月的试训之后，不到7岁的梅西正式加入纽维尔老男孩，球员证号是992312——从此开启球员生涯。

和C罗一样，梅西年纪虽小却已展现出超强的足球天赋。他的启蒙教练维克奇奥回忆道："有一次，门将把球传给处于后卫位置上的莱奥，他带球从本方禁区弧突破到对方禁区弧，打入绝妙进球。根本不需要教他。你能教马拉多纳或贝利什么？"

来到纽维尔的第一年，梅西就在29场比赛里打入40球！而根据罗萨里奥足协的前任新闻官马丁内斯的研究，从1994到1999年，小"莱奥"一共出场176次！斩获234球！最后一年，他更是在29场比赛里55次洞穿对手的球门！

一连串的叹号，说明了梅西的与众不同。而他的另一个不同之处，是内分泌腺不分泌生长激素，因此患上身材矮小症，11岁时身高只有1.27米。可是，纽维尔老男孩却不愿意为这位天才少年支付注射生长激素所需要的大笔费用——一年60万比索。

但没关系，西班牙足坛豪门巴萨愿意。

第二章 起航

著名经纪人明格利亚，是时任巴萨俱乐部主席加斯帕特的引援顾问。他看了梅西的录像带，立刻就被这个小孩子的球技所震惊，把莱奥推荐给了巴萨的技术总监雷克萨奇。于是，2000年9月17日，在巴萨俱乐部的邀请下，梅西和父亲豪尔赫坐上飞机，飞往巴塞罗那。

12月14日，在庞贝皇家网球俱乐部的饭店里，雷克萨奇抓起了一张餐巾纸，在上面写下了对梅西一家的承诺：只要条件满足，巴萨就会签下梅西！

虽然这只是"君子协定"，但从那时起，梅西便与巴萨"绑"在一起。而那张餐巾纸，也成为足球史上一个极具纪念意义与收藏价值的物件。

从青年B队到青年A队，从巴萨C队到巴萨B队，梅西连续"打怪升级"，蹿升速度极快，而所有巴萨球迷，都在期待着他的一线队首秀。

2004年10月16日，这一刻终于来临：巴萨与西班牙人的"加泰罗尼亚德比"，比赛第82分钟，梅西替补葡萄牙中场德科出战，完成了"红蓝生涯"的正式比赛处子秀。

他的巴萨处子进球，则诞生于2005年5月1日的诺坎普球场：第88分钟，梅西接到巴西球星罗纳尔迪尼奥的助攻，左脚轻巧挑射，球从阿尔巴塞特门将巴尔布埃纳的头顶越过，坠入网窝！

异常激动的梅西，露出了纯真的笑容，像个孩子似的跳上了"小罗"的后背，高举右手，留下了那张经典的照片。

一线队处子秀刚过去不久，梅西又迎来欧冠处子秀。

欧冠之王——C罗

第二章　起航

2004年12月7日的欧冠小组赛，巴萨做客挑战乌克兰劲旅顿涅茨克矿工。在已经确保出线的情况下，主帅里杰卡尔德轮换阵容，安排梅西首发亮相。可惜的是，他没有取得进球，也没有赢得欧冠首胜，巴萨最终0比2告负。

那时的梅西，还只是巴萨阵中的"小弟"。他的身旁，有大哥罗纳尔迪尼奥罩着，有埃托奥负责攻城拔寨；他的身后，有德科、哈维、伊涅斯塔等中场球星"喂饼"，无须承担太多的压力，从而获得非常有利的发展空间。

这就是从豪门出道的幸福。与之相比，C罗没有这种"先天优势"，来到曼联之后，又赶上了球队的低谷期，被寄予厚望的同时，自然也背负上更大的压力，特别是来自英国媒体与球迷的舆论压力。

时间没过多久，梅西就斩获欧冠生涯的处子球，而且不是在资格赛，而是直接在欧冠正赛。

2005年11月2日，巴萨5比0横扫希腊球队帕纳辛奈科斯。比赛第34分钟，梅西右路内切，连过两人杀入禁区后选择传球。对方虽然断下球，但在埃托奥的逼抢下忙中出错，回传门将力量太轻。阿根廷小将眼疾脚快，抓住这一失误，左脚挑过对方门将，赶在后卫回防解围之前，抽射入网！

尽管年龄更小，踏上职业赛场的时间更晚，但梅西的欧冠正赛处子球，却比C罗来得更早。更有甚者，梅西的首座欧冠冠军奖杯，也要比C罗来得更早。

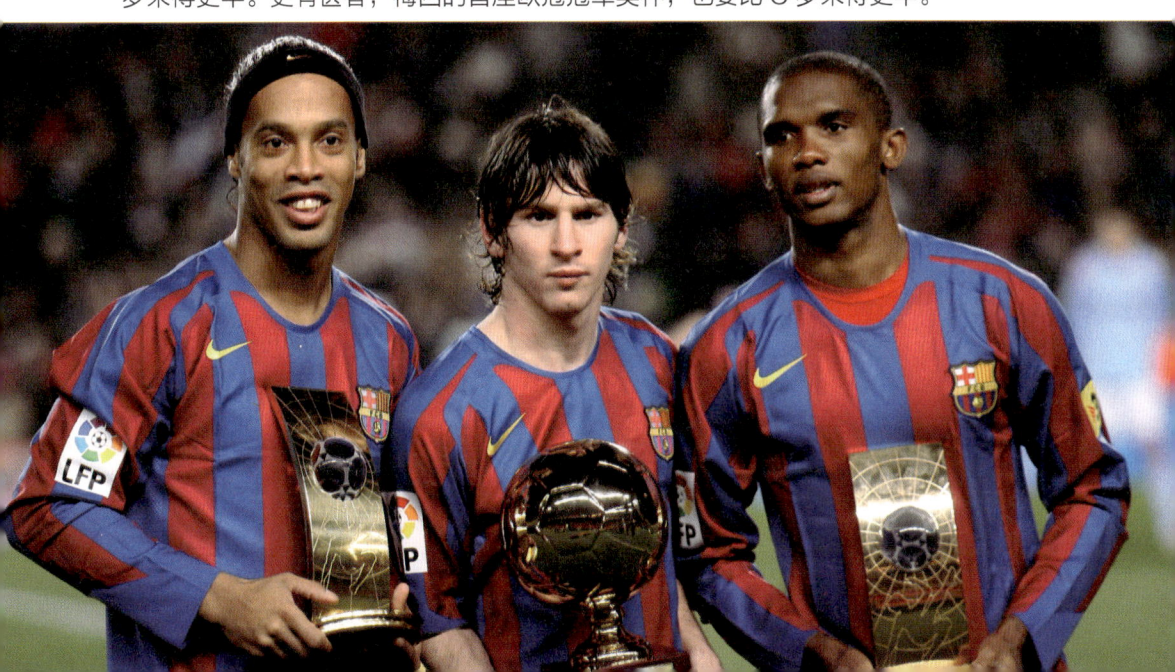

2006年5月17日，法国巴黎的法兰西大球场，巴萨接连淘汰切尔西、本菲卡和AC米兰，与曼联在英超的对手——阿森纳会师欧冠决赛。

虽然德国门神莱曼因为对埃托奥犯规而被红牌罚下，但枪手还是凭借索尔·坎贝尔的头球叩关得手，率先打破僵局。只是，少一人作战的劣势，终究还是不可避免地逐渐显现。第76分钟，埃托奥小角度射门扳平比分。第71分钟，替补登场的贝莱蒂打入一记穿裆球，把"红蓝军团"送上了冠军宝座。

这是巴萨队史第二次问鼎欧冠冠军，里杰卡尔德指挥的这支伟大球队，也被业界与坊间公誉为"梦二队"。而这场失利，留给温格、亨利的，则只有无尽的遗憾。

不过法兰西大球场上，并没有出现梅西的身影，因为他受伤了。3月份，梅西在对阵切尔西的欧冠八分之一决赛中右大腿肌肉撕裂，一下子就伤缺两个月，正好错过这场决赛。但无论如何，梅西还是在夺冠过程中贡献出自己的一份力量，拿到了个人的第一个欧冠冠军，而此时，C罗的欧冠冠军数还是0。

虽然年轻的C罗和更年轻的梅西展现出非凡的天赋,但当时没人能预料他们的未来,更没人会想到世界足坛会就此迎来一个全新的时代——**"梅罗争霸"**。效力过巴萨的葡萄牙球星德科对C罗和梅西的评价很有代表性:"他们相当不一样,梅西有着与生俱来的天赋,C罗也很有天赋,而他努力的方式是非常不可思议的。"

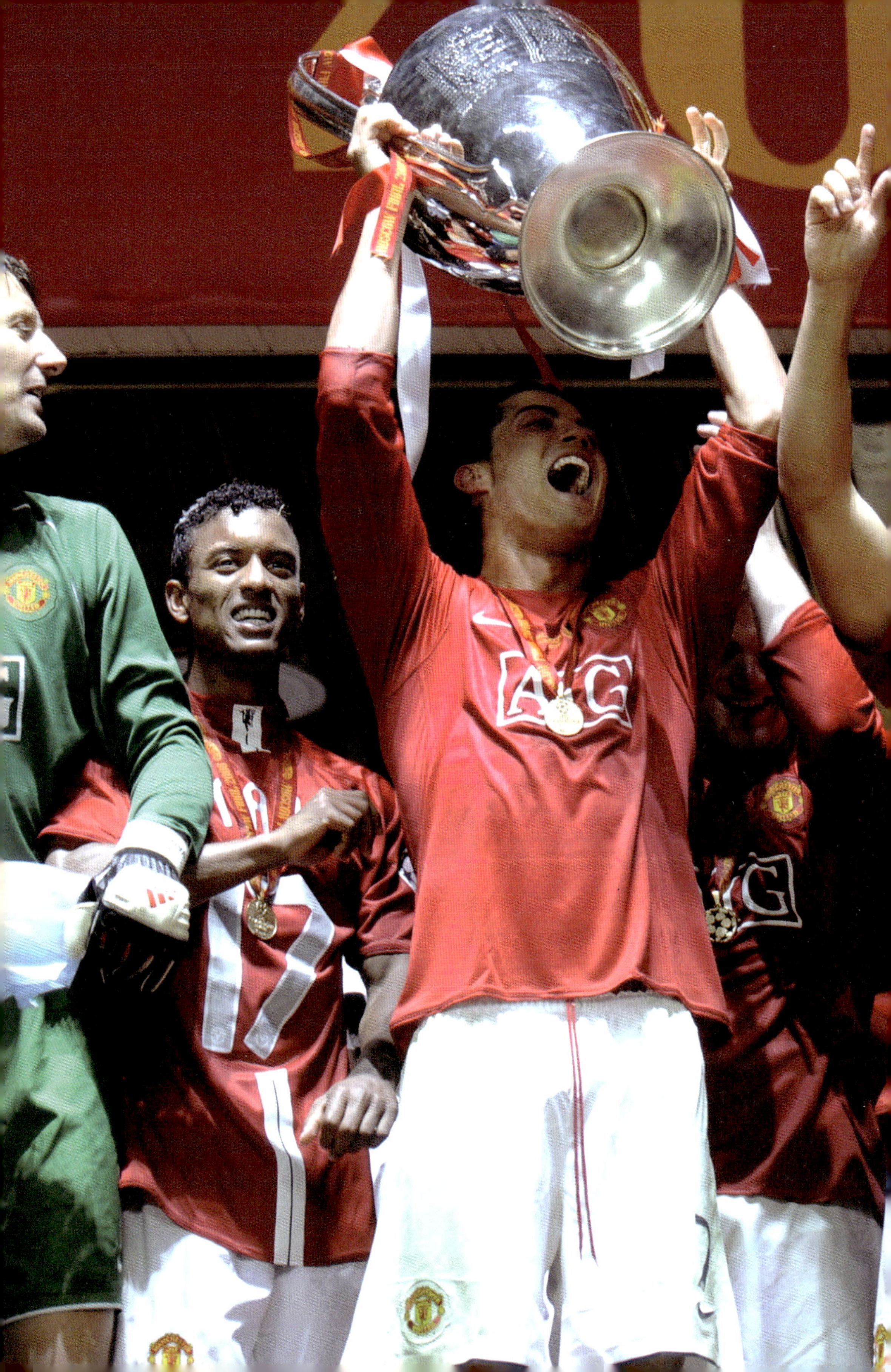
AIG
17

第三章

首冠

"很少有人能在欧冠决赛上有着完美发挥。你的对手花了十天甚至两个礼拜的时间来仔细研究你,他们找到了限制你的所有办法。"曼联右后卫加里·内维尔如是说。那个夜晚,C罗踢得也不完美,但他还是成功了,站上最高领奖台的那一刻,他就像是圣瓦西里大教堂里的神明。

千锤百炼锻新骨

那个夜晚到来之前，C罗已经在许多个午后和夜晚绽放过光芒，为曼联球迷们送去快乐。

2008年1月12日，2007-2008赛季的英超联赛，曼联坐镇主场6比0血洗纽卡斯尔，C罗独中三元，完成职业生涯的首个帽子戏法！而这也是他整个"红魔"生涯、英超生涯的唯一一次帽子戏法。

第一粒进球，是禁区前的任意球。C罗轰出一脚贴地斩，打了对手一个猝不及防。

第二粒进球，是曼联进攻三叉戟的完美配合：鲁尼中路做球，特维斯右肋直塞，C罗插上，轻松破门。

第三粒进球，则充分展现出C罗身为射手的技术和冷静：对方解围失误，他假射真扣，晃开飞铲而来的对方球员，用非惯用脚左脚将球打入。

整个赛季，C罗在34场英超比赛里斩获31球，场均接近1球，几乎是前一赛季全部进球数的两倍！他也成为英超历史上第六位单赛季进球数突破30球大关的球员，因此，职业生涯首次荣获金靴奖。

而这一切，都来自穆伦斯丁的悉心特训，以及弗格森的战术变革。

在穆伦斯丁的"锻造"之下，C罗越踢越像一名真正的中锋、真正的射手。比赛开始前，两人还商量着制定一个进球目标。C罗认为，自己能打入30到35个球。穆伦斯丁对他则比他自己更有信心，认为C罗能进40球。

为了彻底激活C罗的射手本能，弗格森也对曼联的打法做出了重大调整。"老爵爷"不再执着于传统的442阵型，而是让全队围绕着C罗来展开进攻。

欧冠之王——C罗

依托于这套充满流动性的打法，C罗获得了很大的进攻空间，在边锋和中锋两个角色中自由切换，实际上成为前场自由人。而之前被力捧的鲁尼、阿根廷前锋特维斯，都成了C罗的副手，鲁尼甚至经常被挤到边路，为他"喂饼"作嫁衣。

如此火热的进球状态，也被C罗带到了欧冠赛场：5场小组赛，打入5球，包括客场挑战基辅迪纳摩的梅开二度，那是他首次在欧冠完成双响。

第三章 首冠

别具情感意义的是，C罗遇上了老东家葡萄牙体育。小组赛第一轮，回到自己曾经的主场，他受到了将近四万名球迷的欢呼，而C罗所能做出的最好回报，就是在打入全场唯一进球之后，选择不庆祝，双手合十，向热爱自己的拥趸们致敬。

第五轮回到自己现在的主场，再战老东家，C罗轰出一脚远程任意球，足球划着诡异的弧线蹿入网窝。这一次，他露出了不可一世的神情，仿佛是在向"江东父老"宣告：你们曾经的孩子，如今成大了，要去征服欧洲，征服世界。

八分之一决赛，曼联的对手是里昂，C罗碰到了未来的队友本泽马。首回合做客，弗格森显然有所保留，C罗、纳尼、卡里克、维迪奇等人均未首发，两队在奥林匹克公园球场1比1握手言和。

C次回合坐镇老特拉福德球场，"老爵爷"把C罗派上，"核武"一出，高下立判。比赛第41分钟取得领先，维斯·布朗右路传中，安德森的射门被对方球员封堵，C罗混战中破门，一击制胜，护送曼联晋级欧冠八强。

欧冠之王——C罗

四分之一决赛，对阵"老熟人"罗马，C罗宛如被NBA巨星乔丹附体一般。为何会这么说呢？看过这粒进球的球迷们，都知道答案。

首回合比赛第39分钟，斯科尔斯禁区右侧传中，C罗从禁区外加速冲到点球点，高高跃起，用头将球狠狠砸入球门！

然后，他与对方后卫卡塞蒂在空中相撞，就这么斜着身子轰然砸在了地上，还没等他起身，队友已经一拥而上。

C不得不说，很多世界级的正牌中锋，都无法像C罗这样头槌破门。加里·内维尔形容得贴切极了："他就像是一列失控的列车，像乔丹一样飞了起来，像乔丹一样把球顶进。"

是的，C罗看上去就像是乔丹，从罚球线起跳、滑翔着灌篮的那位"飞人"，而且有那么一秒，他似乎在空中停住了一般，时间为他而静止。

第一次，C罗向全世界球迷展示了他惊人的腰腹力量和弹跳力，甚至比NBA球员还要强大。而在之后的职业生涯里，他还将一次又一次地展示，哪怕是到了36岁的"高龄"。

两回合总比分3比1，曼联轻松淘汰罗马，晋级欧冠半决赛。在那里等着他们的，是巴萨；等着C罗的，是梅西。

梅罗争霸
首上演

2008年4月23日，诺坎普球场，历史性的一幕终于上演。

欧冠半决赛首回合，C罗在梅西的地盘首发出场，与特维斯搭档锋线。鲁尼和韩国球员朴智星分居两翼，斯科尔斯和卡里克则组成双中场。

梅西当然也首发出战。在巴萨的433阵型里，他依然踢着自己最习惯的右边锋。中锋是埃托奥，左边锋是伊涅斯塔，而锋线三叉戟的身后，则是哈维与德科，亚亚·图雷担任后腰。

其实，弗格森本来是打算让C罗踢边锋，若真如此，那么梅西和C罗就将展开直接的对位较量。

但是，助教奎罗斯劝说弗格森改变主意，把C罗放到了9号位，这样可以完全卸下他的防守包袱，全力以赴地去冲击马奎斯和加布里埃尔·米利托的中卫组合。而盯防梅西的任务，就交给了拥有"三肺"的朴智星。

比赛开始仅仅3分钟，曼联的变阵就收到效果：鲁尼右侧角球传中，C罗抢点头球攻门，被米利托用手挡出，妥妥地点球。

早在两年前，范尼斯特鲁伊就被弗格森清洗出队，C罗早已是当仁不让的曼联第一点球手。然而，面对巴萨门神巴尔德斯，他的右脚射门，竟然直接打高。

罚丢点球后，C罗双手掩面，低头不语，懊悔不已。不过没有更多时间让他来遗憾。此后，他不断利用个人能力进行突破、制造杀伤、博得犯规，甚至在边线拿球时，还遭到了梅西的侵犯。

可惜的是，进球机会错过了就没有再来，第一次"梅罗对决"，他未能拔得头筹。

所幸，梅西也没进球。面对朴智星的贴身逼抢，他依旧能够展现出自己精细的脚下技术，一次边线挑球过掉埃弗拉，非常精彩，曼联确实很难阻挡他的单兵突破。

他也非常积极地从右路内切，与队友进行短传配合。不过，"红魔"将士们众志成城，最终还是让梅西和他的队友们无功而返，从客场带走了宝贵的 1 分。

6 天之后，曼联回到"梦剧场"，迎来次回合的生死较量。弗格森和里杰卡尔德派出的阵容，基本没有太大变化，C 罗和梅西也继续首发。

上一次，是 C 罗开场就制造点球；这一次，差点儿就轮到了梅西：梅西右路内切突破，造成了斯科尔斯的无奈犯规。这次犯规，几乎是压着大禁区线，但是，裁判最终还是判给了巴萨任意球，而非点球。

他的另一次内切突破，连过斯科尔斯和维斯·布朗，左脚弧线球射门，被曼联门神范德萨飞身扑出。最经典的一次，则是原地起速，一个"油炸丸子"过掉斯科尔斯，令"红魔"的中场大师很没面子。

虽然防守端丢了面子，但斯科尔斯在进攻端挣了回来。第 14 分钟，"生姜头"亮出成名的招牌绝技，在大禁区弧顶右脚轰出一记世界波，球应声入网。

而这粒进球，也有 C 罗的功劳。正是他突破未果后的积极反抢，才迫使巴萨的意大利右后卫赞布罗塔解围失误，送上乌龙助攻。

朴智星大禁区线上的右脚推射，差点儿就为曼联扩大比分，只是稍稍偏出门柱——这同样来自 C 罗左路扛开赞布罗塔后的倒三角传球。由此可见，C 罗的突破虽然没有梅西那么华丽，但杀伤力和致命性，并没有丝毫的逊色。

两人都踢满了 90 分钟，拼杀到了最后一刻，却再无建树。最终，凭借斯科尔斯的这脚惊天远射，曼联 1 比 0 力克巴萨，两回合总比分也是如此，弗格森的球队时隔九年，再次挺进欧冠决赛。

在第一次与梅西的直接较量当中，C 罗虽然没有进球，但获得了最重要的比赛胜利，所以，也就赢得了史上第一次的"梅罗争霸"。那么第二次、第三次，何时会到来呢？全世界的球迷们，都在翘首以盼。

只是，不知当时有多少人已经意识到，这会是未来十年乃至整个足球历史上最受瞩目的巅峰对决呢？

莫斯科
雨泪齐飞

5月的莫斯科，偶尔也会有大雪纷飞的时候。但2008年5月21日的那个夜晚，没有雪，只有雨。即便如此，夜里的莫斯科，气温只有几摄氏度，雨点打在身上，分外沉重，冷得让人有些憔悴。

来自世界各地的球迷，聚集在红场上。其中，有超过一半的球迷，穿着与红场相同颜色的球衣，他们中的很多人，球衣背后印着的，都是一个硕大的7号。

红场西南7千米的一处地方，沿着莫斯科河畔，与麻雀山隔河相望，就是卢日尼基体育场。这个夜晚，在冷雨当中，曼联将在这里，与切尔西争夺欧冠的冠军。

在此之前，曼联已经经历过一场"决赛"——5月11日，2007-2008赛季英超联赛第38轮，即最后一轮，对手是维冈竞技。

前37轮战罢，曼联位居榜首，但与第二名切尔西同积84分，他们仅有的优势，是17个净胜球，所以只要能够战胜维冈竞技，那么无论切

第三章 首冠

尔西与博尔顿的比赛结果是什么,曼联都将蝉联英超冠军。若是反之,曼联未能取胜,甚至输球,那么很可能将把冠军拱手让给"蓝军"。

比赛第 32 分钟,维冈竞技的后卫博伊斯在禁区内放倒鲁尼。C 罗主动要求主罚点球。他丝毫没有受到欧冠半决赛点球罚失的影响,一蹴而就,为"红魔"首开纪录。

第 80 分钟,吉格斯助攻鲁尼破门,彻底锁定胜局。切尔西则被博尔顿 1 比 1 逼平,于是,曼联卫冕成功,连续两个赛季问鼎英超冠军,C 罗也夺得了个人职业生涯的第

二个联赛冠军。

不过，在3月8日的足总杯第6轮比赛中，曼联0比1爆冷不敌朴次茅斯，所以，本赛季是肯定无法复制1998-1999赛季的三冠王伟业了，但是，他们还有双冠王的目标要去完成，要在欧冠决赛中再胜切尔西。

当然，卢日尼基球场上首发的22名球员里，得到最多关注的那个，还是C罗。

这是他足球生涯的第一场欧冠决赛，此时，距离他的欧冠正赛处子秀，已经过去1694天的时间。听起来不算太长？但是，C罗等这一天，已经等了太久，对于这座冠军奖杯，他志在必得。

赛前，C罗专门拉着奎罗斯，用欧冠决赛的新比赛用球来练习射门。弗格森也特意为他制定了专门的比赛策略：司职左边锋，去攻击切尔西客串右后卫的加纳国脚埃辛，一旦他适时地内切插入禁区，对手就很难防范。

事实证明，这一招真的奏效了。

比赛第26分钟，布朗右路起球传中，C罗压到禁区内，在他面前的不是头球能力出色的特里或者卡瓦略，而是身高只有1.78米的埃辛。于是，C罗原地跳起，身

第三章　首冠

体在空中绷得笔直，头球轻轻一摆，将球送入网窝。埃辛连跳都没跳，切赫只能目送球入网。

进球后，C罗挥舞右臂，激情庆祝！但很快他就强行克制住自己的激动心情，因为他知道，比赛还远没有结束。

上半场结束前，切尔西扳平了比分：埃辛右脚远射，经过维迪奇的折射后被费迪南德挡下，却令已经出击的范德萨失去重心，结果兰帕德跟上左脚推射，费迪南德封堵不及，难阻球入网。

下半场，C罗继续追寻着第二粒进球。他在禁区左侧晃开乔·科尔，左脚小角度劲射，可惜球只击中边网。最终90分钟常规时间结束，30分钟加时赛也结束，比分依然是1比1，曼联和切尔西只能携手进入紧张刺激、残酷至极的点球大战。

第一轮，特维斯进了，巴拉克进了。

第二轮，卡里克进了，贝莱蒂进了——切赫和范德萨都猜错了方向。

第三轮，C罗站上了点球点。

他把球拿了起来，迷信般吻了一下，再把球放下，摆好；后退几步，双手掐腰；助跑，突然停顿，再助跑，右脚射出一个半高球，却被切赫判断对了方向，扑个正着。

C罗竟然成了第一个罚丢点球的球员！C罗顿时掩面而泣，哭红双眼，沮丧地退回本方阵中，几乎不敢看接下来的12码生死决。

兰帕德进了，切尔西取得领先。曼联陷入绝境，冠军似乎在离他们远去。

第四轮主罚的哈格里夫斯进了，阿什利·科尔也进了。

第五个出场的纳尼进了——只要最后一个

69

出场的特里把球罚中，冠军就是切尔西的。

然而，戏剧性的一幕发生了："蓝军"队长脚下一滑，直接将球打偏。天可怜见，大雨竟然在最后一刻帮了曼联和 C 罗的忙。

第六轮，安德森进了，卡卢进了，还是平局。

第七轮，替补登场、打破博比·查尔顿爵士保持的"红魔"队史出场纪录的吉格斯进了，然后，轮到阿内尔卡主罚。

结果，范德萨真的赌对了：法国前锋罚的正是门将的右边，荷兰门神飞身一扑，终结比赛，决定冠军——光荣，最终属于曼联！

当队友狂奔着欢庆胜利时，如释重负的 C 罗，一下子仰面躺倒在地，然后又趴在地上，失声痛哭。

莫斯科的雨与泪齐飞，这一夜，他体会到了从天堂到地狱、再从地狱到天堂的跌宕起伏，人生的大起大落，莫过于此。

C雨和泪，最终化作了咬着冠军金牌时露出的灿烂笑容。这，是 C 罗一生中第一次品尝到欧冠冠军的滋味。

他还以 8 粒进球，穿上了欧冠金靴。英超冠军与欧冠冠军，足坛最难拿的两大俱乐部冠军，都被他揽在怀中，他的赛季总进球数也达到 42 球，超过了 40 球的目标。

毫无疑问，2008 年是 C 罗职业生涯的第一个巅峰。这一年，他一共获得了四项团队荣誉：2007-2008 赛季英超冠军，2007-2008 赛季欧冠冠军，2008 年社区盾冠军，2008 年世俱杯冠军，实现了单一自然年的四冠王伟业。

C 也因为这四大冠军，他获得了18项个人荣誉：世界足球先生、金球奖、欧足联年度最佳球员、FIFA 年度最佳球员、《世界足球》杂志年度最佳球员、欧洲金靴奖、欧足联最佳前锋、欧冠最佳射手、英超金靴奖、PFA 最佳球员、FWA 最佳球员、英超官方 MVP、英格兰球迷票选最佳球员、曼联赛季最佳球员、拉美媒体评年度欧洲最佳球员，入选 FIFA 年度最佳阵容、英超赛季最佳阵容、《队报》评欧洲年度最佳阵容，等等。

曼联球迷们也为拥有 C 罗而感到自豪，要是没有他，"红魔"恐怕未必能够时隔九年而夺得队史第三个欧冠冠军。然而，令他们骤然感到担心的是，C 罗似乎要离开了。

永恒之城
留遗憾

欧冠决赛之前，C罗接受了西班牙媒体的采访。也许面对的不是英国媒体，他可以畅所欲言地说出心里话："去西班牙踢球，是我的梦想。"

此时，C罗与曼联的合同还有四年，2012年才到期。但不为人知的是，在他的合同里，有一项极其隐秘的解约金条款。英超赛场上没有"解约金"这一说，它主要盛行于西甲赛场，可是，曼联却为C罗破了例，而解约金的具体金额是7500万欧元。

C罗内心确实是想走的，因为完成英超和欧冠的双冠王之后，他在曼联的成就已经达到无以复加的巅峰，除了三冠王，不可能比这更出色了。

皇马则一直是他非常喜欢、非常向往的球队。早在效力葡萄牙体育时，C罗就发出誓言："有朝一日要为皇马踢球！"而时任皇马俱乐部主席的卡尔德隆，也一门心思想要挖走他，为伯纳乌球场增添一位世界级巨星。就连时任国际足联主席的布拉特，都出面为皇马站台，声称C罗在转会方面沦为了曼联的"奴隶"。

曼联和弗格森当然不想放走C罗，哪怕知道他早晚要离开，能晚一年是一年。为此，弗格森一面怒斥皇马私下接触球员的行为"不道德"，一面跑到葡萄牙，亲自与C罗、门德斯面谈，晓之以理，动之以情。

C罗虽然心向皇马，但毕竟是感恩的。没有曼联，没有弗格森，他根本不可能达到今天的成就。所以，他决定再留曼联一年。

直到2008年底，弗格森依然坚称C罗不卖，并说出了那句名言："一个病毒都不会卖给皇马"。

留在曼联的C罗，在2008年11月，赢得了职业生涯至今最重要的个人奖项——金球奖。

欧冠之王——C罗

金球奖的评选，满分是 480 分，他一个人就得到 446 分，赢得毫无争议。排名第二的梅西得到 281 分，与 C 罗有着较大的差距。帮助西班牙国家队夺得欧洲杯冠军的费尔南多·托雷斯，则以 179 分位列第三。

这是 C 罗的第一座金球奖。他成为继尤西比奥和路易斯·菲戈之后，第三位捧起金球奖的葡萄牙球员，也成为曼联历史上第四位获此殊荣的球员，前三位是丹尼斯·劳、博比·查尔顿和乔治·贝斯特——"红魔"的"神圣三位一体"。而 C 罗之后，曼联的第五位金球奖得主，至今还没有诞生。

2009 年 1 月，C 罗又荣获了国际足联颁发的"世界足球先生"奖，这同样是他生涯的第一次，击败的也依然是梅西和托雷斯。

第三章 首冠

C是的,在这无比辉煌的一年,C罗完成了对梅西的"双杀"。但正所谓"风水轮流转",转过年来,被"双杀"的,就要变成C罗了。

2008-2009赛季还没开始,C罗就去做了膝盖手术,缺席了10周的时间。

不过复出之后,他迅速找回状态,8轮英超打入8球。特别是11月15日曼联6比0狂胜斯托克城一战,C罗直接任意球梅开二度,斩获了曼联生涯的整整第100球,喜迎里程碑。

欧冠小组赛,C罗没有任何进球入账。不过,八分之一决赛对阵意甲豪门国际米兰,他打破了球荒。

首回合,两队在梅阿查球场0比0互交白卷。次回合坐镇老特拉福德,曼联7号在开场第4分钟就制造出威胁:他利用突破赢得角球,吉格斯角球传中,维迪奇跃起头球叩关得手,闪电领先。

第49分钟,斯科尔斯分球,鲁尼禁区左侧拿球后突然挑传到门前,C罗从阿根廷中卫萨穆埃尔的身后蹿出,高高跃起头球攻门,攻破了巴西国门塞萨尔的十指关。2比0!曼联就此淘汰国际米兰,杀进欧冠八强。

四分之一决赛,曼联遇到了另一个熟悉的对手——波尔图。首回合还是平局,但葡超劲旅带走了两个客场进球,这意味着次回合做客巨龙球场,"红魔"要么直接赢球,要么得打出3球以上的高比分平局。

而比赛开始仅仅6分钟,永载曼联以及欧冠史册的一粒世界波就诞生了:安德森分球,C罗在距离球门40米外突然起脚,轰出一脚石破天惊的远射!球如出膛炮弹一般,径直飞入球门左上角,饶是对方门将希尔顿全力扑救,也鞭长莫及。

这是全场比赛的唯一进球。它不仅把曼联送入欧冠四强,而且也毫无悬念地当选了2009年的年度最佳进球——国际足联颁发的普斯卡什奖。后来,C罗也说过,

这是他职业生涯打入过的最佳进球。

欧冠半决赛，曼联与阿森纳展开"英超内战"。C罗依旧是在第二回合才大显神威，一人贡献2球1助攻，参与全部3粒进球。

第8分钟，他左路下底传中，吉布斯禁区内诡异滑倒，朴智星后点得球，倒地射门得手。

第11分钟，他在25米外轰出一记惊世骇俗的任意球世界波，这一次，目瞪口呆的变成了阿穆尼亚。

第61分钟，他脚后跟妙传发动快速反击，朴智星直塞，鲁尼禁区左侧横传，C罗拍马杀到，倒地右脚推射，梅开二度！

总比分4比1，"红魔"完胜"枪手"，连续第二年杀入欧冠决赛。而自从欧洲冠军杯改制为欧冠联赛以来，还从来没有任何球队能够成功卫冕。曼联距离创造历史，只差这最后一步，站在他们面前的最后一个敌人，就是去年他们在半决赛淘汰过的巴萨。

第三章　首冠

2009 年 5 月 27 日，意大利罗马奥林匹克体育场。

时隔一年多，曼联再战巴萨。此时，"红蓝军团"的主帅已经从里杰卡尔德换成了瓜迪奥拉。布斯克茨上位，搭档"中场双核"哈维和伊涅斯塔，"哈白布"组合应运而生。从曼联回归巴萨的皮克，也成为球队的主力中卫。

但焦点中的焦点，还是"梅罗争霸"。

赛前，弗格森说道："他们中的一个，今晚肯定会无法入眠。"会是谁呢？肯定是输球的那一个。那么，谁会输呢？C 罗，还是梅西？

这个赛季，梅西迎来职业生涯的飞跃。和 C 罗一样，他也改踢中锋，扮演"伪 9 号"的角色，结果大放异彩：欧冠决赛之前，已经打入 37 粒进球，首次单赛季突破 20 球大关；C 罗则攻进 26 球，在梅西面前显得有些暗淡。

与一年前一样，C 罗在决赛之前也收获了联赛冠军，完成英超三连冠，只要能够再赢下这场决赛，蝉联欧冠冠军，那么 2009 年的金球奖和世界足球先生，自然也非他莫属。更何况，他还有一个额外的动力：把这座大耳金杯作为最后的礼物，送给曼联俱乐部和所有曼联球迷。

所以，开场之后，C 罗立刻火力全开，8 分钟内就完成了三脚射门，每一脚都颇具威胁，特别是任意球轰门造成巴尔德斯的脱手，差点令朴智星抢得先机。

然而，率先进球的却是巴萨：比赛第 10 分钟，埃托奥禁区右侧扣过维迪奇，右脚外脚背弹射，洞穿范德萨把守的球门。

竟然落后了？C 罗当然不甘心，迅速利用个人突破制造了皮克犯规，让巴萨中卫吃到黄牌。但这还不够，他需要进球，曼联需要进球。

不过，巴萨拥有强大的控球能力，一旦取得领先，就会把比赛的节奏和局面牢牢控制在自己脚下，哈维的任意球射门击中门柱弹出，差点扩大比分。

但这一次，曼联不像一年前的欧冠决赛那么走运了。

第 70 分钟，哈维禁区前突然送出搓传，里奥·费迪南德没有起跳，任由球从自己的头顶越过。

欧冠之王——C罗

令这位世界级中卫完全没有想到的是，他的身后，还有梅西。更没有想到的是，虽然梅西只有1.69米，但这一刻，他奋力一跃，在空中倾斜着身子，用并不擅长的头部，将球顶入曼联的城门。

这是梅西在欧冠决赛的第一个进球，与C罗一样多。

2分钟之后，贝尔巴托夫右路传中，吉格斯禁区中路射门被挡，C罗后点得球，右脚推射，被巴尔德斯封出，错过了最后的机会。

0比2，卫冕失败，在"永恒之城"留下了永恒的遗憾，C罗无缘职业生涯的第二个欧冠冠军，梅西则捧起了职业生涯的第二个欧冠冠军——1比2，C罗再次落后"一生之敌"。

这场欧冠决赛,就是C罗为曼联踢的最后一场比赛了,确定无疑。来到曼联,师从弗格森,可以说是他做出过的最正确的一个决定,这个决定让他成为世界上最出色的球星,让他夺得了梦寐以求的欧冠冠军,实现了儿时的梦想。

但是,天底下没有不散的筵席,故事的结局不够完美,但毕竟要结束了,**新的故事,已经徐徐展开在他的面前。**

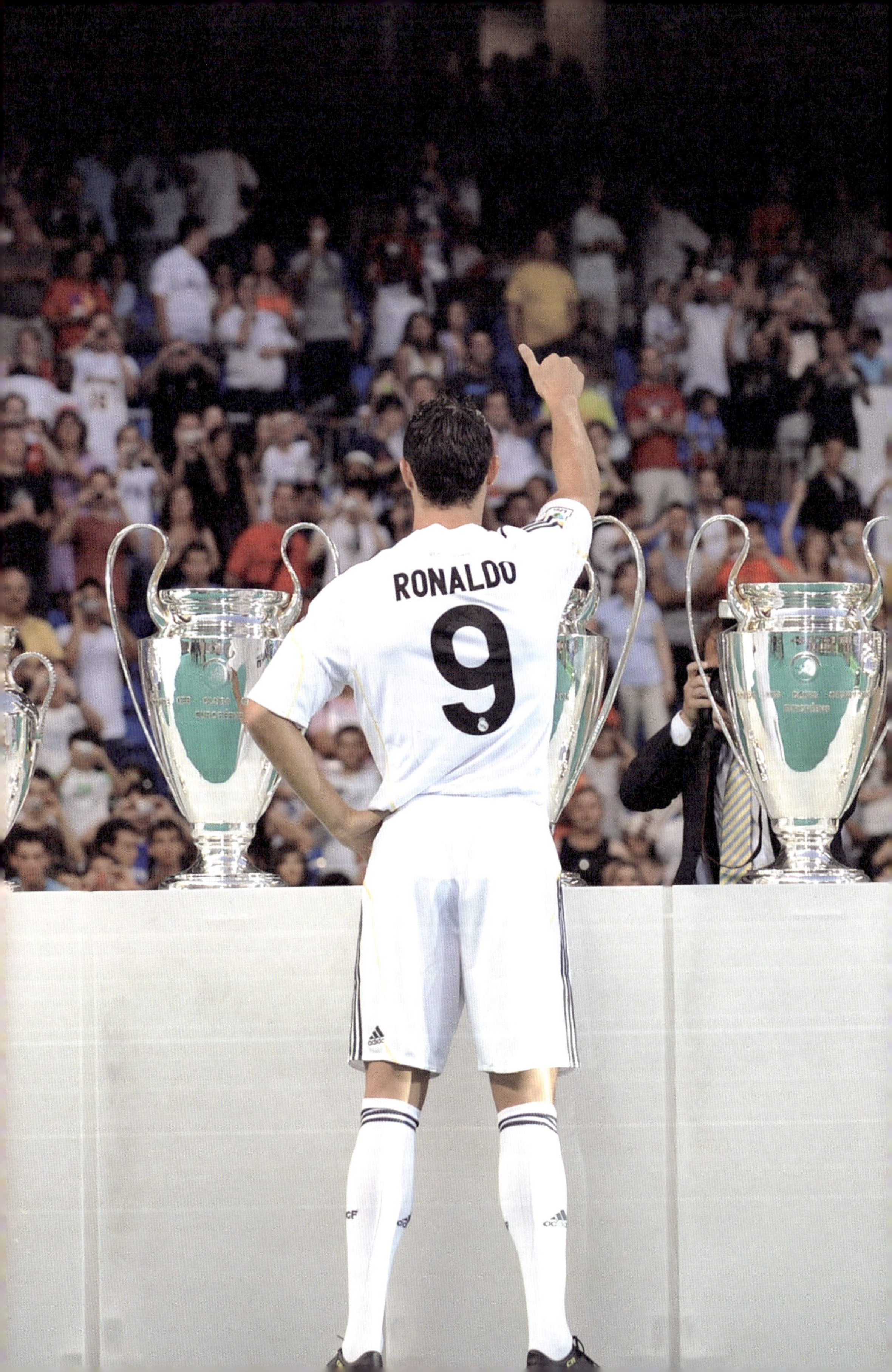
RONALDO
9

第四章
新征

"你真的觉得球迷们会为看我穿上皇马球衣,而把伯纳乌球场坐满吗?" C罗心有忐忑地问着《阿斯报》的记者。别担心,克里斯蒂亚诺,会的,而且今后的每一个周末,每一个周中的欧冠比赛日,伯纳乌都会因你而爆满。这个舞台,曾经属于过很多人,但从这一刻开始,它就属于你了。

百年豪门 迎新人

再留一年，C罗完成了自己对弗格森、对曼联的承诺，尽管未能蝉联欧冠冠军，但欧冠亚军和英超三连冠，依然是一份非常出色的成绩单和告别礼物。接下来，就该弗格森和曼联履行他们的承诺了——放C罗去皇马。

早在2003年，皇马就对C罗产生了兴趣。不过，毕竟C罗当时还太年轻，而时任皇马主席的弗洛伦蒂诺·佩雷斯奉行的，又是砸钱买成名巨星的"银河战舰"政策，已经斥巨资引进路易斯·菲戈、齐达内、罗纳尔多、大卫·贝克汉姆、迈克尔·欧文等世界级球星，说句实在的，18岁的C罗来了又怎样？根本没有容身之地，只会在板凳上浪费青春。

六年后情况已经完全不一样。C罗在曼联成长为世界级巨星，拿过足坛最高的个人荣誉——金球奖和世界足球先生，够得上当年菲戈、齐达内的分量了吧？

然而，在2006年初，一场地震级事件突发：弗洛伦蒂诺从皇马俱乐部的主席职位上辞职！那么问题来了，赢得新主席选举的卡尔德隆，还会继续买C罗吗？

答案是显而易见的，换成谁来当主席，也得买C罗。因为想要比肩"老佛爷"，卡尔德隆也需要签下巨星，而C罗无疑是当时世界足坛最大牌、最出色的那个。

于是2007年初，皇马经理安赫尔·桑切斯与门德斯进行了接触，确认了彼此之间的心意。自此之后，C罗就开始给曼联管理层和球迷们打"预备针"，公开表示希望自己未来能去西班牙踢球。

由于与曼联有合同在身，他不便说得太明了，这时候，C罗的母亲多洛蕾丝站了出来，对着西班牙媒体说出那句名言："我希望在死之前，看到我儿子为皇马效力！"都这么说了，一片孝心的C罗，又怎能不满足老妈这一点儿"微不足道"的心愿呢？

虽然曼联勉强留了C罗一年，但他们也深知，这已经是最后的妥协，一年之后，就真的再也留不住他了。所以，在皇马和C罗签订秘密协议之前，俱乐部就已经与C罗签订了一份秘密协议：7500万欧元的解约金不作数了，任何想要买下他的俱乐部，都需要支付8000万英镑，约合9400万欧元。

然而，合同刚签完不久，皇马俱乐部内部就出事儿了！原来，卡尔德隆受到指控，怀疑他通过不正当的方式赢得主席选举。虽然最终他并没有获罪，但还是被迫在2009年初辞职。而担任皇马临时主席的维森特·博鲁达却认为C罗身价太贵，于是想要撕毁协议，为此不惜支付3000万欧元的违约金，毕竟，3000万比9400万要少得多。

曼联倒是不慌，虽然确实留不住C罗，但有合同在，主动权就还在自己手中，不一定非得卖给皇马。C罗根本不愁没有买家，因为巴萨竟然也想要买他！C罗和梅西效力同一支球队？画面太美，简直不敢想象！

不只是球迷不敢想象，皇马更不敢想象，因为那将意味着，未来几年，他们恐怕都会被巴萨死死压住，无法翻身。所以，博鲁达赶紧收回成命。而接下来的事情，就交给2009年6月1日再次当选皇马主席的弗洛伦蒂诺了。

"老佛爷"延续他的"银河战舰"政策，先是豪掷6300万欧元，从AC米兰引进了2007年的金球奖得主卡卡，然后就是履行承诺，以9400万欧元的世界第一天价，从曼联签下C罗。

这是皇马从曼联抢走的第二个7号，第二棵"摇钱树"。C罗有着不逊于贝克汉姆的商业价值，而随着网络媒体时代的到来，他的加盟，只会让皇马赚得更多。

2009年7月6日的伯纳乌，可以容纳八万名球迷的球场看台，座无虚席，盛况空前，这阵势堪比一场皇马与巴萨的西班牙国家德比。

但是，这一天没有任何比赛要踢，所有球迷，都只为一个人而来——C罗，任何比赛，也没有他来得重要。

第四章 新征

当天，C罗是从里斯本直接飞到马德里的。下飞机后他直接奔赴医院接受体检，然后前往伯纳乌球场，与皇马俱乐部的高层、名宿们见面。

接受完媒体的采访之后，C罗穿上了崭新的白色9号球衣，走出球员通道，伴随着八万名球迷的欢呼声，踏上了新东家主场的草皮——直到这一刻，他才真正属于皇马。

欧冠之王——C罗

C罗的身后,是9座欧冠的冠军奖杯,这是皇马问鼎欧冠的次数,而第9冠,是在2002年夺得的,距离此时已经有7年之久。

这7年时间里,皇马一次闯入半决赛,一次闯入八强,接着,便是连续5个赛季的止步16强,沦为"欧冠16郎"。那么,过去两个赛季两进欧冠决赛、一次折桂的C罗,能否带来不同呢?

至少第一次亮相,C罗就已经放出豪言:"我们将尽全力争取夺得三冠王!"既然是三冠王,里面当然也就包括队史上第10座欧冠奖杯了。

C罗在皇马的第一件球衣,是9号,而不是曼联时期的7号,这是因为7号白衣已经有了它的主人,他穿着它,为皇马捧起了三座欧冠冠军奖杯。

皇马第9次夺冠,是在2002年。提到那一年的欧冠决赛,你会想起什么?第一印象,一定是罗伯托·卡洛斯左路传中,齐达内左脚轰出的那记"天外飞仙",它绝对是欧冠决赛历史上最精彩的进球之一。但别忘了,第8分钟就为皇马首开纪录、打开胜利之门的,是他——劳尔·冈萨雷斯。

第四章 新征

皇马历史上，实在是诞生过太多的伟大球星了，比如迪·斯蒂法诺、普斯卡什、亨托、巴尔达诺、布特拉格诺等，但是，你绝不能少说了劳尔的名字。

1977年6月27日，劳尔出生于马德里南部的工人区比亚危拉地。不过小时候，他并非皇马的球迷，而是皇马死敌马德里竞技（以下简称"马竞"）的拥趸。

13岁时，劳尔凭借出色的球技和潜力，加入了马竞的青年队。可是两年之后，马竞的时任主席希尔为了节省开支，竟然直接解散了青年队，于是，他只能离开"床单军团"，然后转投皇马青年队。

在皇马，劳尔迅速赢得了一线队主帅巴尔达诺的赏识。1994年10月29日，皇马客场挑战萨拉戈萨，他出人意料地顶替的"秃鹫"布特拉格诺，身穿那个赛季经典的紫色球衣首发登场，以17岁零124天的年龄，成为队史一线队首秀首发的最年轻球员，而当时，他穿的球衣就是7号。

就这样，当2009年7月C罗到来之时，劳尔已经为皇马打入316球，荣膺队史射手王；六夺西甲冠军，三夺欧冠冠军，另外还有一个欧洲超级杯和两个丰田杯冠军；欧冠进球总数达到64个，是当时的欧冠历史第一射手！

所以，C罗纵然是天价加盟，也只能先放弃在曼联成名立万的7号球衣，改穿9号，因为只要劳尔在一天，白衣7号就是属于"指环王"的，谁也抢不走。

九冠雄主遇魔咒

自从2002年第9次欧冠称雄之后，皇马就陷入低谷当中。虽然依然拥有"外星人"罗纳尔多这样的超级射手，但是，他们一度连续三个赛季无缘西甲冠军，连续两个赛季屈居死敌巴萨之后，臣服于里杰卡尔德的"梦二队"之统治。

欧冠赛场，皇马的成绩更惨：

2002-2003赛季，半决赛被尤文图斯次回合逆转，无缘决赛；

2003-2004赛季，因为客场进球少的劣势被马赛爆冷淘汰，止步八强；

2004-2005赛季，加时赛被尤文图斯绝杀，倒在16强；

2005-2006赛季，0比1憾负阿森纳，未能闯入八强；

2006-2007赛季，再次输在了客场进球少，不敌拜仁慕尼黑，还是16强；

2007-2008赛季，惨遭罗马双杀，依然是16强；

2008-2009赛季，两回合0比5惨败给利物浦，又是16强——中国球迷送上"欧冠16郎"雅号，实至名归！

连续五个赛季止步16强，始终未能突破魔咒而更进一步，这对于欧冠九冠王来说，是莫大的耻辱。

所以，弗洛伦蒂诺重新上台之后，不仅豪购卡卡和C罗，还从里昂买来本泽马，从利物浦引进哈维·阿隆索和阿韦罗亚，从瓦伦西亚招揽阿尔比奥尔，还有内格雷多和格拉内罗。

总之，整个2009年夏天，"银河战舰"在转会市场上斥资2.58亿欧元，相当惊人，而他们的目标，就是重塑欧冠辉煌，夺得历史性的第10冠！

那么，"老佛爷"如愿以偿了吗？别急，我们先从 2009-2010 赛季的欧冠揭幕战讲起。

皇马与 AC 米兰、马赛、瑞士球队苏黎世同分一组，出线难度不大，而主教练佩莱格里尼的首要任务，就是与"红黑军团"争夺小组第一。

2009 年 9 月 15 日，小组赛首战，皇马做客挑战苏黎世。C 罗首发登场，迎来皇马生涯的欧冠首秀。

半个月之前的 8 月 29 日，他已经完成了皇马生涯首秀和西甲联赛首秀，点球破门，帮助球队 3 比 2 力克拉科鲁尼亚，拿到首胜。9 月 12 日面对西班牙人，"CR9"连续两场破门，无缝融入新东家，皇马也收获 3 比 0 大捷。

至于区区苏黎世，自然更不在C罗话下。第一次，他让"美凌格"亲眼见识到了"电梯球"的威力：两脚任意球，直接洞穿对方球网，梅开二度，帮助"银河战舰"5比2大胜对手，取得开门红！

第四章 新征

紧接着，他又在西甲联赛场连场建功，皇马生涯的前 6 场比赛，疯狂轰入 9 球，证明自己绝对配得上"世界第一身价"！

9 月 30 日，小组赛第二轮，C 罗迎来皇马生涯的欧冠主场处子秀，对手是马赛。没有悬念，他又两次将球送入网窝，将进球数据刷新到恐怖的 7 场 11 球。

然而，意外突然发生了：比赛第 70 分钟，C 罗左路突破，被对方后卫迪亚瓦拉一记滑铲铲翻在地。令人没想到的是，这次犯规非常严重，令他脚踝受伤，根本无法坚持比赛，只能被伊瓜因换下。

这一伤，就是将近两个月，C 罗因此缺席了对阵 AC 米兰的两场欧冠大战。而缺少了 C 罗的皇马，则遭遇 1 平 1 负的不胜战绩。

直到 11 月 25 日，皇马欧冠再战苏黎世，C 罗才伤愈复出，而他刚一替补登场，立刻受到万众欢呼。两周后的最后一轮比赛，他就双响建功，成功复仇马赛，以 6 粒进球结束小组赛的征程，"银河战舰"也顺利地拿到小组第一。

要知道，C 罗效力曼联的 6 个赛季，也只有过一次单赛季欧冠进球数超过 6 粒。

不过，他还是收到了一个"坏消息"。带领巴萨击败曼联、问鼎欧冠冠军的梅西，夺得了其职业生涯的第一座金球奖，C 罗只名列第二，这样的排名让他更加确信：想要再夺金球，就必须赢得欧冠冠军！

"9400 万先生"状态爆棚，皇马对欧冠冠军自然有了更热切的期待与更美好的

欧冠之王——C罗

畅想。

八分之一决赛，佩莱格里尼的球队抽到了E组第二——里昂。里昂的头号球星本泽马，刚被皇马挖走，但依然拥有利桑德罗·洛佩斯、德尔加多、戈武、皮亚尼奇、马孔、图拉朗、克里斯、洛里等大将，能够力压利物浦抢到出线权，说明他们的实力绝对不容小觑。

当然，皇马的星味更足：C罗和伊瓜因搭档锋线，身后是卡卡，替补席上还坐着劳尔和本泽马呢，阵容如此奢侈，根本没有不赢球的道理嘛！可是，首回合做客法国，"银河战舰"偏偏输了，输给了喀麦隆中场马孔的一脚世界波。

次回合回到伯纳乌，C罗接古蒂做球，禁区内左脚抽射破门，一度为皇马扳平总比分。但是，波黑中场皮亚尼奇又站了出来，轰出一脚世界波，1比1！西甲豪门只能无奈地接受平局，以1比2的总比分爆冷出局。

有意思的是，八年之后，当时淘汰了C罗的皮亚尼奇，竟然与C罗在尤文图斯

第四章 新征

聚首，从对手变成了队友，当然，这就是后话了。

C不得不说，在"第一天价"的巨大压力下，伤愈复出之后的 C 罗太急于证明自己了，这导致他情绪急躁、心态失衡。

在 2010 年 1 月 24 日与马拉加的西甲联赛中，C 罗因为肘击对方球员姆蒂利加，吃到了职业生涯的第一张直接红牌，雪上加霜的是，他还因为欧冠出局之后拒绝给球迷签名，引发与"美凌格"之间的紧张关系——刚来的第一个赛季，处境竟会如此艰难，不知 C 罗是否已经预料到呢？

早在 2009 年 11 月，皇马就被低级别球队阿尔科孔踢出了国王杯，酿下惊天耻辱。如今欧冠再次止步 16 强，C 罗在亮相仪式上喊出的"三冠王"豪言，沦为对手的笑柄。不过，只要能够拿到西甲冠军，那么他在皇马的处子赛季，就不算失败。

2010 年 4 月 10 日的国家德比，是争冠的关键"6 分战"，皇马主场作战，赛前与巴萨同积 77 分，此战若能取胜，就可以把主动权掌握在自己手中。

该赛季的首回合较量，皇马 0 比 1 告负，伊布拉希莫维奇打入全场唯一进球。那也是 C 罗和梅西在西班牙足坛的第一次碰面，西甲赛场的第一次"梅罗对决"，结果，两人都没有取得进球。

那么这一战呢？还是梅西赢了！

第 32 分钟，梅西遭到了皇马中卫塞尔吉奥·拉莫斯的犯规。巴萨左后卫马克斯韦尔快发任意球，阿根廷球星与哈维配合之后，右脚射门，攻破了皇马门神卡西利亚斯的十指关。

之后，佩德罗再下一城，锁定了 0 比 2 的比分。于是，C 罗和他的皇马惨遭双杀，基本宣告了冠军梦想的破灭。

这场失利，也并非没有一点儿好处：它彻底激发了 C 罗的斗志！最后 6 轮联赛，皇马豪取 5 胜 1 平，C 罗一人独斩 8 球，包括 5 月 5 日 4 比 1 大胜马略卡一战的帽子戏法，那是他加盟以来的第一次戴帽。

　　西甲 29 场 26 球，欧冠 6 场 7 球，各项赛事 35 场 33 球，C 罗在皇马的首个赛季虽然"四大皆空"，没有拿到任何一项赛事的冠军，皇马也依然未能摘掉"欧冠 16 郎"的标签，但第一年就能书写出如此优异的数据，足以证明这一笔大买卖值了。这也更足以证明：只要拥有 C 罗，皇马距离欧冠冠军就会越来越近。

师徒并肩
浴血战

C罗、弗洛伦蒂诺、皇马，输给了梅西、瓜迪奥拉、巴萨，但有一个人赢了他们——若泽·穆里尼奥。

2007年9月，穆里尼奥从切尔西下课，至于原因，赛季开始后的糟糕战绩固然是一方面，另一方面，则是更衣室失控，队长约翰·特里带头反对"狂人"。

虽然"下车"，但穆帅名声在外，自然收到了很多邀请。

穆里尼奥选择了意大利，选择了国际米兰。国际米兰俱乐部的主席莫拉蒂给予他巨大信任和鼎力支持，让他感受到家一般的温暖。而他也给予巨大回报，率队连续两个赛季夺得意甲冠军，最重要的，还是欧冠。

2009-2010赛季欧冠小组赛，国际米兰与巴萨同分一组，而且首轮就是直接交锋。这场比赛踢得很"穆里尼奥"：0比0，没有进球，乏味无趣。但这就是穆帅想要的，梅西、伊布拉希莫维奇、亨利都被限制得死死的，拿到1分就够了。

第五轮做客诺坎普，国际米兰0比2输了，但这并没有影响到他们的小组出线。八分之一决赛，国际米兰对阵切尔西，对于这支切尔西，穆里尼奥实在是太熟悉了，不夸张地说，简直称得上了如指掌，所以一场2比1，一场1比0，两场小胜，赢得虽然不多，但已经足够"蓝黑"淘汰"蓝军"，挺进四分之一决赛。

接着，国际米兰又抽到了八强里相对最弱的莫斯科中央陆军，两场1比0，以最小的代价晋级欧冠四强，而半决赛的对手，又是巴萨。

面对瓜迪奥拉的近乎无敌的"梦三队"，穆里尼奥祭出了经典的防守反击，用一套只有一个意大利人的首发阵容（蒂亚戈·莫塔，实际上出生于巴西），踢出了意

第四章 新征

大利足球最擅长、最精髓的东西。巴萨虽然由佩德罗首开纪录，但斯内德、麦孔和迭戈·米利托连进3球，国际米兰完成惊天逆转。

首回合3比1获胜，穆里尼奥手握成绩与心理上的双重优势，次回合做客诺坎普，更加坚定了死守的信念。面对国际米兰坚壁清野、众志成城的防守，巴萨的短传渗透几乎无计可施，在莫塔被罚下场之前，根本没有获得机会。即便多一人作战，瓜迪奥拉的球队也只是在第83分钟打进一球，但是，1比0的比分并不足以挽回败局。

穆里尼奥用两场经典战役，打破了"梦三队"的不败神话。而正是看到这一点，弗洛伦蒂诺才下定决心，聘请他执教。

巧合的是，2010年的欧冠决赛，就在马德里的伯纳乌球场进行，所以决赛之前，双方就已经谈好，无论比赛的结果如何，他都将接过皇马的教鞭。

最终，还是依靠防守反击，迭戈·米利托梅开二度，国际米兰2比0击败拜仁慕尼黑，不仅捧起了欧冠冠军，还成就了三冠王伟业！

欧冠之王——C罗

欧冠决赛结束的四天之后，弗洛伦蒂诺就官宣了两项重大决定：佩莱格里尼下课，穆里尼奥上任。

同为葡萄牙人，拥有同一个经纪人门德斯，很多人就理所当然地认为，穆里尼奥会与C罗有着亲密无间的合作关系，然而你有所不知：两人曾在英超结下过梁子。

2007年4月，当时还是切尔西主帅的穆里尼奥，认为在对阵米德尔斯堡的比赛中，"蓝军"应该获得一粒点球。只谈自己倒还罢了，结果他又扯上曼联，炮轰弗格森的球队受到裁判照顾，同样是对阵米德尔斯堡的比赛，却没有被判点球。

你骂你的裁判，关我们什么事儿？C罗被激怒了，公开做出回应，批评穆里尼奥是在甩锅，转移炮火，根本就是不愿承认失败。

没想到，"嘴炮王者"穆里尼奥的回击更强硬，不仅骂C罗是个骗子，还说他永远无法达到他自己希望达到的成就。更过分的是，"狂人"甚至还说起了"童年阴影"，批评曼联球星小时候家庭困难，没有受过教育，所以才会这么不成熟，不懂得尊重人。

这种伤害性很大、侮辱性极强的人身攻击，是可忍，孰不可忍？还没等C罗发话，曼联俱乐部和弗格森爵士就表达了强烈的不满。而知道自己理亏，穆里尼奥只能乖乖地打电话给 C 罗道歉，才让这件事情平息。

三年多之后，两人竟然在皇马成为师徒，旧日这些恩怨，自然也就无须再提了，不然多尴尬啊。C 罗转而称赞起穆里尼奥："他在波尔图和国际米兰夺得了很多奖杯，他在皇马也会如此。"穆里尼奥也投桃报李，称赞 C 罗是世界第一，比梅西更强。

然而刚一照面，他们就被巴萨打垮了，打跪了，打趴下了。

2010 年 11 月 29 日，西甲国家德比，皇马做客诺坎普球场。赛前，穆里尼奥使出了惯用的招数——心理战，讽刺巴萨从未在伯纳乌球场夺得过欧冠冠军。这是在提醒对手并施加压力：就在半年之前，在伯纳乌捧起欧冠奖杯之前，他淘汰的最后一个对手，正是巴萨。

可是，心理战没有起到丝毫作用。巴萨迅速占据场面上的绝对主动，进球一个接一个地到来：先是哈维，然后是佩德罗、比利亚，之后还是比利亚。

直到伤停补时第 1 分钟，巴萨还在进球，替补登场的赫弗伦将比分锁定为 5 比 0。梅西虽然没有进球，但送出两次助攻。而皮克向皇马、向穆里尼奥伸出了五根手指——这是对死敌的最大羞辱。

大雨之中，皇马全场比赛的控球率只有 33.6%，射门 5 次，是巴萨的三分之一。就连穆里尼奥自己也承认，如果比赛再踢 10 分钟，皇马可能会输 6 个甚至 7 个球。但是，拉莫斯第 92 分钟被罚下场，还是让"狂人"保持了一项纪录：在 11 人全员作战的情况下，从未输给过巴萨——这，是"狂人"最后的遮羞布。

踢满 90 分钟，只捞到 3 次射门机会，一次射正，这样的过程和结果，显然无法让 C 罗满意和接受。瓜迪奥拉把出了边线的球扔回球场，积攒了满腹郁闷的 C 罗过去推了他一把，差点儿引发两队的大规模冲突，结果吃到一张黄牌——这，几乎是他在这场国家德比中的唯一"收获"。

这一战之后，刚刚加盟皇马第二个赛季的 C 罗，似乎就已陷入严重的信任危机当中。

归根结底，在豪门生存，还是得靠成绩说话。

成绩好的时候，一切都顺风顺水，主教练和头号球星头一个享受掌声与追捧；成绩不好的时候，主教练和头号球星自然也得率先站出来背锅，接受球迷们的批评。

第四章　新征

特别是这一年的夏天，劳尔离开皇马，转投德甲球队沙尔克04，C罗接过了7号球衣，"美凌格"对他的要求，只会更高。

虽然在西甲赛场惨败给巴萨，但在欧冠赛场，皇马一路畅通无阻。小组赛面对AC米兰、阿贾克斯和欧塞尔，"银河战舰"豪取6战5胜1平，强势出线。而对阵这三个对手，C罗都有破门，一共打入4球。

然后，他们又遇到欧冠16强这道分外难过的坎儿。巧合的是，这次的对手又是里昂。

首回合做客，皇马收获一场1比1的平局，如愿以偿地带走1分和1个客场进球。次回合回到伯纳乌，马塞洛、本泽马、迪马利亚相继建功，3比0完胜，穆里尼奥的球队以4比1的总比分晋级八强，总算是打破了"欧冠16郎"的魔咒！

这两场比赛里，C罗都没有进球，但为本泽马和马塞洛各送出一次助攻，也是破咒的功臣之一。

四分之一决赛，皇马遇到了那个赛季的欧冠大黑马热刺，在哈里·雷德克纳普的带领下异军突起，小组赛击败国际米兰，八分之一决赛淘汰 AC 米兰。他们拥有范德法特、克劳奇、莫德里奇等球星，而左边锋加雷斯·贝尔的表现，尤为抢眼。

不过，热刺的黑马之路，也就到此为止了。首回合，皇马就在主场 4 比 0 痛击对手，一只脚迈入四强，而 C 罗则打入了全场比赛的第 4 粒进球：第 87 分钟，卡卡禁区左侧转身传中，他在后点右脚凌空抽射，破门得分。

次回合，"银河战舰"又在白鹿巷球场 1 比 0 小胜，进球的还是 C 罗。第 50 分钟，赫迪拉传球，C 罗右脚远射，巴西门将戈麦斯扑救时出现失误，脱手将球放入城门。

总比分 5 比 0，皇马兵不血刃，时隔 8 年之久，再次跻身欧冠半决赛！那么，他们在半决赛的对手是谁呢？巴塞罗那！

如宿命一般，皇马和巴萨、C 罗与梅西、穆里尼奥与瓜迪奥拉互相纠缠，在每一条战线上争夺冠军。

欧冠半决赛之前，还有两场国家德比要踢，而且都集中在 2011 年 4 月，这加起来的四场大战，将决定着整个赛季的成败，决定着 C 罗和穆里尼奥在皇马合作的第一个赛季，究竟是成功还是失败。

第四章 新征

4月16日,西甲国家德比第二回合,皇马在积分榜上落后巴萨8分,此战唯有取胜,才有逆转夺冠的可能。

极其罕见的是,穆里尼奥在赛前的新闻发布会上竟然一句话也不说,全程都交给助理教练卡兰卡发言,引发记者的不满和愤懑,而比赛场上的皇马,也和发布会上的穆帅一样沉默。

梅西和C罗都进球了,而且进的都是点球,但两支球队踢得都不精彩。皇马中卫阿尔比奥尔还因为对巴萨边锋比利亚犯规,被裁判赏了"红点套餐"。

1比1的最终比分,意味着巴萨的西甲冠军奖杯已经基本到手。而比赛结束后,穆里尼奥终于打破沉默,把自己形容为一个"受迫害者",无论是在切尔西、国际米兰还是皇马,都受到了裁判的不公正"迫害"——嘴炮之王,不愧是你!

4月20日,西班牙国王杯决赛,双雄再战。这一次,皇马终于赢了。

穆里尼奥使出奇招,把葡萄牙中卫佩佩放到中场,对梅西死缠烂打,很好地限制了阿根廷球星的发挥。

C罗则发挥了决定性作用。尽管比赛的常规时间内,他只有一脚射正,但加时赛第103分钟,迪马利亚左路送出传中,他如直升机一般腾空而起,在空中滑翔着用头一点,将球送入网窝!

凭借这粒进球,皇马1比0力克巴萨,夺得国王杯冠军——这,是C罗白衣生涯的第一座冠军奖杯。

对于皇马来说,区区国王杯冠军,当然不算什么,但穆里尼奥至少再次证明,他是有能力击败巴萨和瓜迪奥拉的——这也是瓜帅执教生涯的第一次决赛失利。C罗同样证明了,自己是有能力击败梅西的,但这一切,都需要在接下来的两场欧冠半决赛里继续去证明。

4月27日,2010-2011赛季欧冠半决赛首回合,伯纳乌球场人声鼎沸,看台上,两队死忠互喷,球场上,两军将帅斗法。

穆里尼奥故技重施,又一次将佩佩安排在后腰位置,再加上拉斯·迪亚拉和哈维·阿隆索,三名主力中场,全部偏重于防守!两大中锋本泽马和伊瓜因,则都被放在了替补席,C罗担任突前前锋。

"狂人"的用意非常明显:主场守平,再去客场一搏。而倾全力防守所带来的结果,就是皇马的前场,只有C罗一个人。

于是,他更加孤单了。比赛刚刚开始10多分钟,就挥手向队友示意:赶紧压上来,投入进攻啊!但是,穆里尼奥的战术非常坚定,皇马球员们也在坚定地执行着教练的战术。

C罗孤掌难鸣,梅西却如鱼得水。佩佩未能再次限制住"小跳蚤",阿根廷人变得不可阻挡。

第76分钟,荷兰边锋阿费莱右路生吃马塞洛之后送出传中,梅西如灵猫一般甩开拉莫斯的防守,机敏地抢前点破门,为巴萨打破僵局!

第87分钟,莱奥更是如天神下凡一般,上演了单骑闯关的经典一幕:接到布斯克茨的传球,他从中路杀出,连过迪亚拉、拉莫斯、阿尔比奥尔和马塞洛四名皇马球员,禁区右侧右脚推射远角,2比0!

梅西一个人,决定了比赛,主宰了胜负。C罗全场比赛8脚射门,只有2次射正,

第四章 新征

黯然失色。

比赛结束后,他似乎是被穆里尼奥给"传染"了,公开指责巴萨受到裁判照顾,批评德国主裁斯塔克对佩佩出示红牌。

穆里尼奥当然更是如此。他直指欧足联偏袒巴萨,还喊话瓜迪奥拉:2009年问鼎欧冠时,你靠的就是斯坦福桥丑闻;今年要是再次问鼎,你靠的就是伯纳乌丑闻!结果,口无遮拦的"狂人"被欧足联处以停赛5场的惩罚。

更要命的是,C罗和穆里尼奥之间的关系,出现了更大的裂痕。

C罗抱怨过皇马的策略太保守,不喜欢现在的方式,穆里尼奥毫不客气地反唇相讥:这都是因为你不爱防守!

三天之后,皇马对阵萨拉戈萨的西甲联赛,C罗就坐上了冷板凳,谁都知道,这是穆里尼奥对他的"惩罚",只有穆帅自己不肯承认。

5月3日,半决赛的次回合移师诺坎普。可是,停赛之中的穆里尼奥,只能待在酒店里看电视直播了。

第54分钟,西班牙边锋佩德罗为巴萨首开纪录。10分钟之后,马塞洛为皇马扳平比分。1比1的平局,在一定程度上挽回了皇马和穆里尼奥的颜面,但还是无法改变无缘欧冠决赛的结局。

这场比赛,梅西不再像首回合那么耀眼,没有取得进球。只是,C罗也没有完成自我救赎,甚至连进球的机会都没有,因为全场比赛,他的射门次数是0。

欧冠之王——C罗

C罗在皇马的第二个赛季，就这样结束了。国王杯夺冠，欧冠突破16强，赛季40球创个人新高，这些都是进步，但他的第二座欧冠冠军奖杯，却还是没有到来。而梅西，即将拿到第三座。

淘汰皇马之后，巴萨时隔两年再进欧冠决赛，对手还和两年前一样，还是曼联。

失去了C罗的曼联，实力其实已经大打折扣，全靠弗格森的执教功力与鲁尼的出色发挥，才能撑到最终的决赛。

然而面对"巅峰梦三"，"红魔"真的是无能为力了。佩德罗、梅西和比利亚各下一城，虽然鲁尼一度扳平比分，终究还是无济于事——1比3，输得心服口服。

第四章　新征

C比赛结束前,"弗爵爷"坐在教练席上,没有表情的面容之下,颤抖的双手令人心疼。而 9 年之后,这位苏格兰老人还是心悦诚服地赞道:"关于历史最佳球队,我印象最深的是 2011 年在温布利大球场,欧冠决赛与我们对阵的巴萨,他们简直是不可战胜的。"

理所当然地,梅西荣获了 2011 年的国际足联金球奖,这是他第三次获此殊荣。C 罗排名第二,金球奖的数量依然只有一个,1 比 3,和欧冠冠军数的差距一样。

而在欧冠总进球数上,梅西已经打入 37 球,C 罗则是 29 球,几乎处于全面落后的境地。前面是如日中天的"梅球王"当道,有多少人还相信 C 罗能翻盘?

得之东隅失桑榆

皇马与巴萨的纠缠，还没有结束。

2011-2012赛季的揭幕战，两队又在西班牙超级杯中重逢，而这，已经是他们9个月以来的第六次和第七次碰面了，真应了那句中国老话："不是冤家不聚头"。

首回合，伯纳乌之战。梅西又进球了，一度帮助巴萨在落后的情况下逆转比分；C罗没有进球，但哈维·阿隆索挺身而出，将比分锁定为2比2平局。

次回合，诺坎普之战，一场更为激烈的进球大战上演，但是，真正的主角不是打入1球的C罗，尽管这是他第一次攻陷巴萨的主场，也是他皇马生涯的整整第

100 粒进球；亦不是梅西，尽管他梅开二度，完成 3 比 2 绝杀——不是场上任何球员，而是场边的穆里尼奥与比拉诺瓦。

终场结束前，马塞洛从背后用"剪刀脚"铲翻西班牙中场法布雷加斯，引发两队之间的武斗。乱战当中，穆里尼奥突然"出手"，做出一件令人绝对难以想象的事情：用右手戳了巴萨助教比拉诺瓦的右眼！

一时之间，穆里尼奥遭受口诛笔伐，简直成了人人得而诛之的对象。

穆帅向来能言善辩，哪肯屈服于舆论的压力？先是怒斥巴萨挑衅在先，后来还在发布会上提及比拉诺瓦的名字"Tito"时，故意说成了西班牙语里的脏话"Pito"。这起事件轰动了整个世界足坛。

2011 年的夏天，皇马内部还发生了一起大事件：齐达内回来了，接替巴尔达诺成为"银河战舰"的足球总监，而他要处理的第一件事情，就是卡西利亚斯、拉莫斯等本土球员对 C 罗、对穆里尼奥的抱怨。

第四章 新征

还是那个问题：皇马球员们都认为，穆里尼奥让他们在防守端付出了太多，只为了"成全"C罗。

C罗有特权，不用防守，完全自由自在地踢球，只想着进球，这对其他人来说很不公平。穆里尼奥的"戳眼门"，则让皇马丢尽脸面，有损"皇家"尊严。卡西利亚斯甚至直接找到穆帅，批评他的行为太不得体，两人从此闹翻，再也不说话了。

但此时的C罗，已经陷入了比穆里尼奥"戳眼门"更大的争议当中。

9月14日，2011-2012赛季欧冠小组赛第一轮，皇马做客挑战萨格勒布迪纳摩。凭借迪马利亚的进球，"银河战舰"1比0带走3分。但在比赛当中，对方球迷冲着C罗高喊"梅西""梅西"，还对他大肆辱骂，这激怒了C罗。

赛后，C罗说出了那句名言："因为我有钱，我很帅，我还是一个伟大的球员，所以那些人嫉妒我。"

从此，这句名言就成为C罗"自恋"的实锤，它还被中国的网友们总结成了三个字——"高富帅"，响彻整个中文网络世界！

9月18日，皇马在西甲联赛里爆冷输给莱万特，C罗又受到对手的特殊"照顾"，脚踝都被踢出了血。赛后，他公开炮轰裁判。

9月21日，皇马继续客场作战，对手是桑坦德竞技。下了飞机之后，C罗遭到对方球迷的嘘声，结果，他竟然以竖中指作为反击！事后，C罗辩称，这是在跟自己的队友、葡萄牙老乡佩佩开玩笑，但一连串的争议性事件，还是将他抛上了风口浪尖。

这段时间，也许就是C罗整个职业生涯的最艰难岁月。而他能做的，就是在球场上不断进球，特别是用一粒粒进球，为皇马带来冠军，因为只有这样，才能让球迷们尽快地忘记一切的负面新闻。

于是欧冠小组赛第二轮对阵阿贾克斯，C罗传射建功；第四轮2比0战胜里昂，他又梅开二度——皇马6战全胜，轻松晋级16强。

联赛方面，他在西甲上半程就5次上演帽子戏法，状态相当火爆，但在最重要的那场比赛中，C罗还是哑火了。

2011年12月10日，赛季的第一场西甲国家德比，皇马高居积分榜榜首，领先巴萨3分。

开场仅22秒，利用巴尔德斯的传球失误，本泽马闪电破门，打入国家德比史上最快进球——没有比这更好的开局了。

第24分钟，C罗有机会将优势扩大为2比0。本泽马左路横敲，无人看防的他禁区中路右脚推射，可惜踢疵。6分钟后，浪费机会的惩罚就来了。梅西中路突破后直传，智利球星桑切斯禁区弧内右脚单刀低射破门，为巴萨扳平比分。

第52分钟，哈维的右脚射门击中马塞洛的腿部发生折射，助"红蓝军团"完成逆转。第66分钟，梅西又站了出来，突破分球，阿尔维斯右路45度传中，法布雷加斯力压科恩特朗头球冲顶破门，打入第三粒进球。

1比3，皇马输了，在少赛1场的情况下被对手追平，西甲争冠变得愈演愈烈。

第四章 新征

而在 2012 年 1 月的国王杯四分之一决赛中，尽管 C 罗两回合各入 1 球，穆里尼奥的球队还是 1 平 1 负，又被巴萨淘汰，无缘成功卫冕。

不过，"狂人"终究还是展现出了世界顶级教练的风采。"银河战舰"顶住巨大压力，在联赛里开启 11 连胜、18 场不败的风暴，等到 2012 年 4 月 21 日国家德比次回合到来之前，他们领先巴萨的优势，已经变成了 4 分。

这场诺坎普大战，将决定本赛季西甲冠军的归属，但是，皇马还有额外的压力，那就是欧冠半决赛。

八分之一决赛和四分之一决赛，他们都抽到好签，也轻松淘汰了莫斯科中央陆军与塞浦路斯球队阿波尔，直到四强，终于遭遇强大的对手——拜仁慕尼黑。

4 月 17 日，半决赛首回合较量，皇马与拜仁激战于安联球场。

第 17 分钟，德国中场托尼·克罗斯左侧角球传中，拉莫斯与巴德斯图伯在门前争抢，结果被法国边锋里贝里抓住机会，抽射破门。

第 53 分钟，C 罗门前的推射被诺伊尔扑出，本泽马突入禁区右侧送出低传，C 罗后门柱底线附近回敲，助攻队友推空门得手，皇马扳平比分。

不过第 89 分钟，"银河战舰"还是遭到重创：拉姆右路突破科恩特朗之后送出传中，罗本前点没有碰到球，德国中锋马里奥·戈麦斯将球推入球门右下角，拜仁完成 2 比 1 绝杀！

次回合比赛，将在 4 月 25 日打响，也就是诺坎普大战的 4 天后。

一周三场大战，对皇马、对 C 罗来说，都是极其艰巨的考验。逆转拜仁？想法先放在一边，当务之急，是要保住榜首宝座。

而此战之前，C 罗和梅西都已经打入 41 球，可谓旗鼓相当，所以，他们争的不只是西甲冠军，还有西甲金靴奖。

比赛开始仅3分钟，C罗就差点儿首开纪录：队友角球传中，他前点头球吊射攻门，巴尔德斯飞身一跃，用指尖将球托出横梁。

第 17 分钟，赫迪拉为皇马取得领先，这是"银河战舰"在联赛里的第 108 粒进球，

欧冠之王——C罗

打破了西甲单赛季历史进球纪录（赛季的最终总进球数为 121 球）。

第 70 分钟，梅西右路内切后送出直传，伊涅斯塔脚后跟妙传，特略推射被卡西利亚斯扑出，阿德里亚诺补射击中阿韦罗亚，桑切斯的补射又被圣卡西单手扑出，但智利球星在即将失去平衡的情况下右脚再射，终于将球送入网窝。

然而，巴萨仅仅高兴了 3 分钟，就立刻陷入绝望，因为 C 罗来了。

第 73 分钟，C 罗接到队友右路直塞，从阿根廷中卫马斯切拉诺的身旁反越位超车，斜插入禁区，单刀面对巴尔德斯，闪开空当后右脚推射破门！

冷静！进球之后，C 罗做出了这样的手势。队友们可不管这一套，一拥而上，与他拥抱庆祝。

做着"冷静"的手势，他的心中却充满了得意与骄傲，不，也许更多的是一种宣泄与释放。

因为这是 C 罗皇马生涯迄今为止最重要的一粒进球，正是凭借此球，皇马 2 比 1 击败巴萨，在仅剩四轮的情况下，将领先优势扩大到 7 分，夺冠，已经没有悬念。

C 加盟皇马三个赛季，C 罗终于夺得了第一个联赛冠军，也终于战胜了梅西，率领皇马打破了巴萨"梦三队"的绝对垄断，重新赢得了"美凌格"的信任与支持！

以 4 球之差无缘西甲金靴，他已经不在乎了："我想要的是联赛冠军，我已经拿过两个欧洲金靴奖了，再赢一个当然好，但不赢也没有任何问题！"

第四章 新征

四天后的欧冠半决赛第二回合，处于逆境之中的皇马，还得依靠C罗来拯救。

开场第6分钟，拜仁后卫阿拉巴禁区内手球犯规，C罗面对诺伊尔，右脚主罚点球一蹴而就，将总比分扳成2比2平！

第14分钟，队友中路送出直传，C罗禁区中路右脚轻松推射，梅开二度，2比0！皇马总比分3比2反超。这是C罗本赛季的第10粒欧冠进球，打破了个人单赛季的欧冠进球纪录。

不过第26分钟，佩佩禁区内拉倒戈麦斯，送上点球，罗本左脚主罚命中，又将总比分扳成了3比3平。此后，两大豪门再无建树，只能进入加时赛乃至点球大战。

送点的阿拉巴第一个主罚，攻破了卡西利亚斯的城门。皇马这一边，第一个出场的是C罗，他的右脚射门，却被诺伊尔判断正确，拒之门外！

雪上加霜的是，第二个出场的卡卡，重蹈C罗的覆辙，再次成就了德国门神。

欧冠之王——C罗

圣卡西虽然也扑出了托尼·克罗斯和拉姆的点球，但是，第四个出场的拉莫斯直接将球罚丢！而在施魏因施泰格打进制胜点球之后，皇马最终遗憾地倒在了12码点，无缘欧冠决赛……

三年了，巴萨也赢了，西甲冠军也拿了，怎么就是捅不破这层窗户纸，拿不到第二个欧冠冠军呢？输球之后的C罗，满脸都写着不甘，但没有无奈，也没有绝望，他盯着冠军奖杯的眼神，里面写满了两个字——"渴望"，而这种饥渴的欲望，将会催生出更加强大的C罗。

不甘的还有穆里尼奥，他不仅没能率皇马问鼎欧冠，还得眼睁睁地看着淘汰自己的拜仁去决赛"送人头"，看着自己的老东家切尔西捧起大耳杯。

这是他在斯坦福桥球场执教时，唯一没有取得过的荣誉。但其实，切尔西还是应该感谢"狂人"，因为主要的夺冠功臣们，还是当年他手下的那帮"老男孩"：切赫，特里（决赛停赛缺席），阿什利·科尔，兰帕德，德罗巴。

夺得西甲冠军，无缘欧冠冠军，C罗得之东隅，失之桑榆。然而，人生哪有什么事事如意？不过都是苦尽甘来。每一次的失败，都将成为他下一次前进的推动力。而一个赛季狂进60球，更是令他对自己充满信心。于是，站在伯纳乌球场上的C罗，将垂下的头颅重新抬起，眼神里的骄傲复现。当他无意间向西南方望去之时，600千米外的祖国，

似乎有着什么东西，
在向他发出召唤……

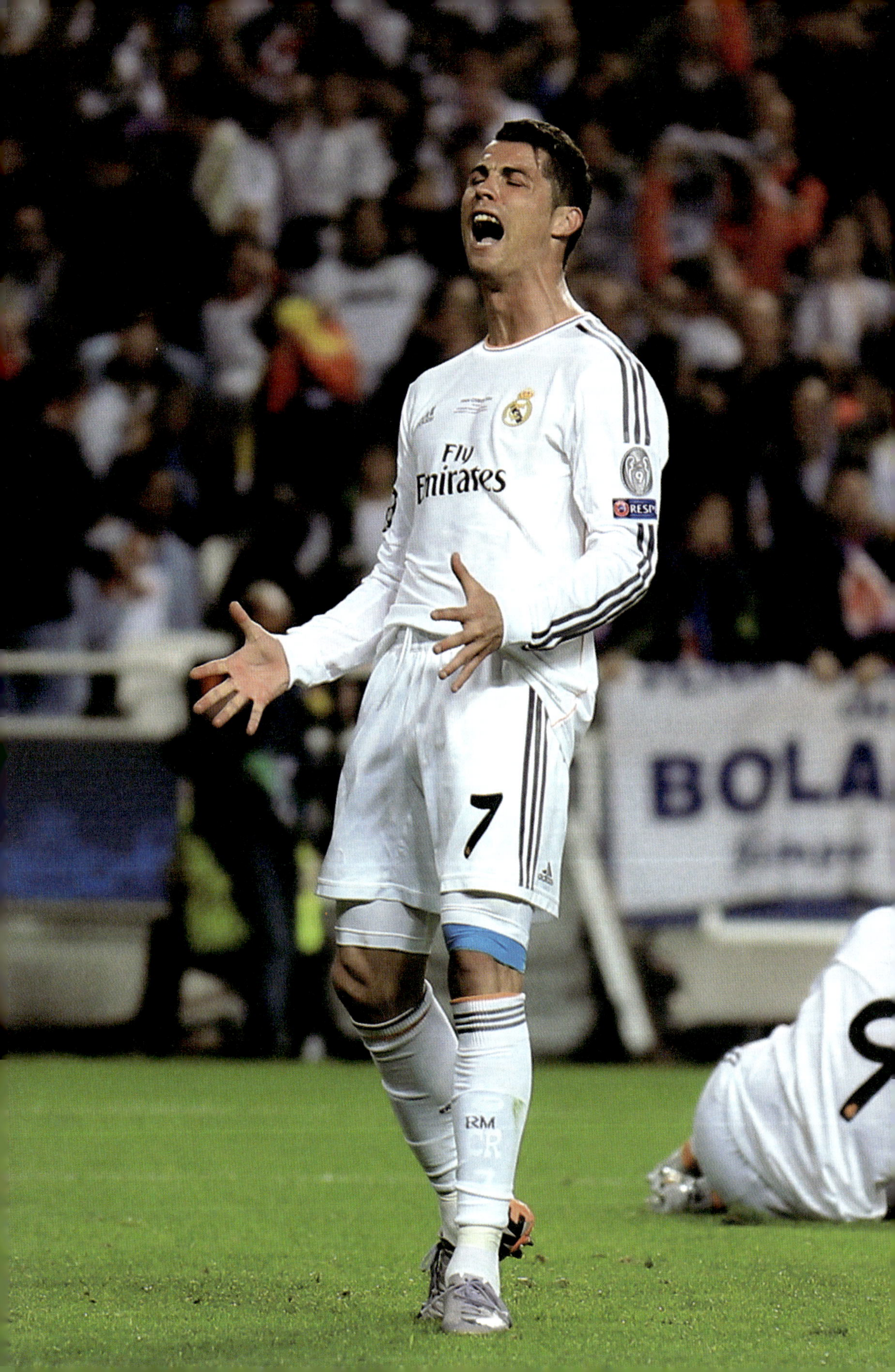
Fly
Emirates

第五章

再冠

漫天纸屑之中，C罗将重达8.5千克的银质奖杯高高举过头顶，脸上露出了灿烂的笑容。"真棒！"他对着英国《天空体育》的话筒喊道，而为了能说出这句憋在心中已久的话，他已经等了足足五年。这五年，成功多过失败，但能等来这一天，C罗，你真的棒！

斯人挥手自兹去

这一天到来之前，C罗还正在苦苦等待着。

2012-2013赛季，他、穆里尼奥、皇马的头一号劲敌，还是巴萨，而这一次，他们看到了一个数载难逢的好机会。

这是因为，缔造"梦三王朝"的瓜迪奥拉，竟然在2012年夏天离开了诺坎普球场！失去"总设计师"的"红蓝军团"，是否就此一蹶不振？"银河战舰"又能否趁此机会卫冕西甲、称雄欧冠？这些问号，都等待着C罗给出答案。

西超杯的两回合比赛，C罗各进一球。一次头球破门，另一粒进球则更为精彩：脚后跟戏耍巴萨中卫皮克，单刀低射建功！此外，他还在第二回合的较量中制造了阿德里亚诺的红牌，令皇马多一人作战。

尽管梅西也打入一记精彩的任意球，但是，最后的赢家还是C罗。这是他与穆里尼奥一起赢得的第三个冠军，从而完成了西班牙足坛的大满贯！

两个月之后的10月7日，西甲国家德比又打响了。新赛季开始后，身为卫冕冠军

欧冠之王——C罗

的皇马起步不佳，前6轮只拿到10分，做客诺坎普之前，已经落后领头羊巴萨8分。

不过，C罗的状态却相当火爆，四天前与阿贾克斯的欧冠小组赛，他刚刚上演帽子戏法，而这竟然是他连续第二场比赛戴帽！

果然，比赛第22分钟，C罗就率先发威，接本泽马助攻，左脚攻破巴尔德斯的十指关。但梅西立刻还以颜色，9分钟之后，利用佩佩的解围失误扳平比分。

第60分钟，莱奥又奉献了任意球圆月弯刀，令卡西利亚斯徒呼奈何。但6分钟后，C罗迅速做出回应，单刀破门，同样梅开二度。

正如2比2的最终比分，C罗和梅西各自包办了本队的全部进球，打出了最势均力敌、难分难解的"梅罗争霸"，再次证明了"绝代双骄"超越群伦的江湖地位，

第五章 再冠

球迷们则看得如痴如醉！不过，平局对于皇马来说并非好事，未能缩小分差，意味着他们想要成功卫冕，变得越来越困难了。

欧冠赛场，皇马也遇到难题，因为他们被抽到名副其实的"死亡之组"！同组对手，包括上赛季以净胜球优势力压曼联、首夺英超冠军的曼城，问鼎德甲冠军的多特蒙德，以及欧冠四冠王阿贾克斯——想要出线，并不容易。

所幸，C罗的进球感觉依旧火热。首战曼城，他就收获一粒进球；次战"贾府"，上演帽子戏法；三战多特，又是一球——前三轮小组赛，就已经有5球入账！

然而，两次面对克洛普执教的德甲"大黄蜂"，皇马1负1平，难求一胜，又在客场被"蓝月军团"逼平，一度遭遇连续三轮不胜的尴尬。不过，阿贾克斯实力下滑，曼城经验欠丰，还是无力阻止"银河战舰"获得小组第二，而C罗在最后一轮又传射建功，小组赛踢完便已打进6球。

八分之一决赛，C罗遇到了最不愿意遇到的对手——曼联。

这是他离开"红魔"之后第一次对阵旧主。对于老东家，对于恩师弗格森，对于曼联球迷，他一直心怀感恩，所以心情非常复杂，但是赛前，出于职业精神，出于对现东家的尊重，他还是公开许下诺言：为皇马进球！

首回合坐镇伯纳乌，C罗的前队友鲁尼在比赛第20分钟送出助攻，英格兰前锋维尔贝克甩开拉莫斯，头球破门首开纪录。

而第30分钟，C罗就兑现了承诺：科恩特朗回敲，迪马利亚左路传中，他将身体绷得笔直，蹭的一下跃起，头槌叩关得手！

不过进球之后，他的脸上没有丝毫喜悦之情，有的只是歉意。他伸开双手，示

欧冠之王——C罗

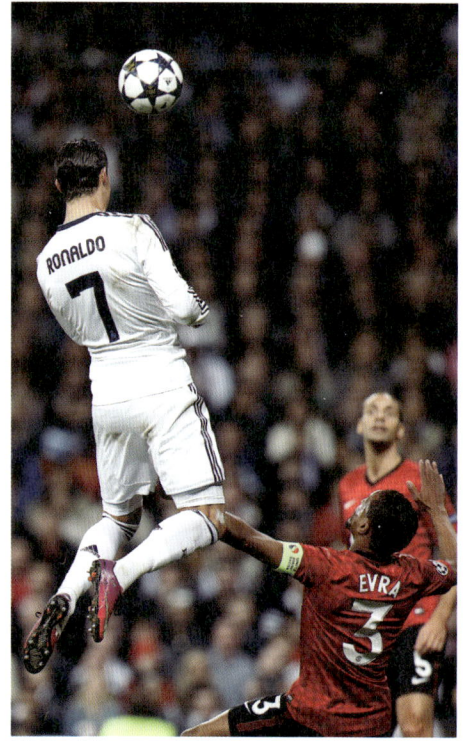

意自己不会庆祝，只是与跑过来的队友简单拥抱。

看到这一幕，不知有多少曼联球迷会眼里泛着泪花，脑海里回想起他身披"红魔"战袍时的一幕幕？想必进球之后，C罗的脑海里，也许闪现出那些美好的回忆。

比赛结束后，人们讨论的主角依然是C罗，弗格森忍不住称赞爱徒："多棒的一个头球啊，令人难以置信！你无法阻止这样的进球。冲刺弹跳让他统治了空中。半场休息时，我曾问埃弗拉：为什么你不和他争顶？然后我看了录像，

第五章 再冠

我就想，我到底都说了些什么？我认为对阵旧主对他来说很难，这里面包含了很多情绪，因为他为我们效力过六年。不过，他总是一个巨大威胁，当他拿球时，你就只有祈祷的份儿了。"

2013年3月5日，次回合较量，老特拉福德球场——时隔将近四年，C罗"回家"了！

"欢迎回来！但请别进球！"梦剧场的"红魔"拥趸，用这样的标语欢迎伟大的昔日7号，心中的情绪之复杂纠结，由此可见。

不得不说，曼联一度非常接近晋级：第48分钟，拉莫斯送上了乌龙大礼。然而比赛在第56分钟突发转折：葡萄牙边锋纳尼在争抢高球时，踢中了阿韦罗亚的胸口，结果被主裁判恰基尔直接红牌罚下！曼联全队都对此相当不满。

少一人作战，"红魔"的形势渐渐被动。第66分钟，拉莫斯将功补过，助攻莫德里奇扳平比分。而第69分钟，伊瓜因禁区右侧传中，C罗后点包抄破门，再度洞穿老东家的城池——他上一次在梦剧场进球，已经是2009年5月的事情。

125

欧冠之王——C罗

因为纳尼的红牌，因为C罗的进球，皇马最终逆转曼联，杀入欧冠八强。但在比赛结束后，穆里尼奥极其罕见地承认："最好的球队输了，我们表现不好，我们配不上这场胜利，但这就是足球。"

C罗也没有因为赢球感到开心，而是深沉地说道："我更为曼联感到难过。"谁都知道，他说的是真心话。

无论如何，结果无法改变，C罗和皇马继续在欧冠赛场上高歌猛进。四分之一决赛，他们主场3比0大胜土耳其球队加拉塔萨雷，C罗开场第9分钟就闪击破门。次回合虽然客场2比3告负，皇马依然连续第三个赛季挺进半决赛，而这两粒进球，又都是C罗攻入的，他的赛季欧冠进球数，再次来到两位数。

半决赛，又是半决赛。两年前和一年前的殷鉴不远，皇马能不能打破"半决赛魔咒"

第五章 再冠

呢？这得问多特蒙德。小组赛的两场较量，穆里尼奥的球队都未能取胜。

4月23日的伊杜纳信号公园，C罗大战莱万。开场第8分钟莱万就接格策传中，垫射破门。

第43分钟，莫德里奇送出精妙挑传，德国国脚胡梅尔斯回传门将却出现致命失误，阿根廷前锋伊瓜因断球后横传，C罗包抄推射空门得手，将比分扳平。这是他本赛季的第12粒欧冠进球，更是职业生涯的第50个欧冠进球，成为继劳尔、范尼斯特鲁伊、梅西、亨利之后，历史上第五位达到欧冠50球里程碑的球员！

然而接下来，就全都是莱万的表演时刻了：

第50分钟，罗伊斯直塞，波兰神锋反越位成功后破门，梅开二度。第55分钟，施梅尔策大力抽射被皇马后卫挡下，莱万禁区内拉球过人后抽射入网，帽子戏法！第66分钟，罗伊斯突入禁区被哈维·阿隆索放倒，他又主罚点球命中，完成大四喜！

1比4，这是C罗与莱万的比分，也是皇马与多特的比分，一场比赛，几乎就决定了最终的命运。回到伯纳乌球场，"银河战舰"虽然2比0取胜，但依然以3比4的总比分惨遭淘汰，连续第三个赛季止步半决赛——继"欧冠16郎"之后，他们被新的魔咒所紧紧束缚。

而淘汰了皇马的多特蒙德，则与连续第二年闯入决赛的拜仁慕尼黑，上演德甲内战，最终，凭借罗本最后时刻的绝杀，"南大王"以2比1的比分击败"大黄蜂"，成就了2012-2013赛季的三冠王伟业！

欧冠出局，西甲冠军也将是巴萨的，皇马只剩下国王杯一项冠军可以争夺。

半决赛，又见国家德比！但由于癌症病情恶化，巴萨主帅比拉诺瓦已在2012年12月进行手术，无法继续任职，只能由助理教练约尔迪·鲁拉暂掌教鞭。而穆里尼奥也通过朋友，向比拉诺瓦送出祝福，两人算是冰释前嫌。

首回合，皇马主场1比1战平巴萨。次回合出征诺坎普，C罗闪耀全场：先是自己制造点球并主罚命中，然后又用左脚再下一城，双响建功。相比之下，梅西在比赛中几乎无所作为，未能挽回1比3的败局。

半决赛是西班牙国家德比，决赛则换成了马德里同城德比。

联赛里，皇马双杀马德里竞技，而且自 1999 年以来同城德比保持不败，夺冠似乎不成问题。故事似乎也是这么发展的：比赛第 14 分钟，队友角球传中，C 罗摆脱乌拉圭后卫戈丁的纠缠，头球叩关得手，攻破了马竞门将库尔图瓦的十指关！

但是，在第 76 分钟科斯塔助攻法尔考，将比分扳成 1 比 1 平。

皇马运气也够背的，包括 C 罗的任意球射门在内，竟然三次击中对方门柱！穆里尼奥还因为不满裁判判罚，冲出技术区抗议，又被红牌罚下。

鏖战至加时赛，第 99 分钟，西班牙中场科克右路传中，巴西中卫米兰达前点甩头攻门，2 比 1！"马竞"完成逆转。而第 114 分钟，又一幕让人难以置信的事情发生了："马竞"队长加比对 C 罗犯规，C 罗倒地之后，有个踢人报复的动作，也被主裁出示红牌罚下！至此，皇马 14 年来首次输给马竞，痛失国王杯冠军。

赛季四大皆空，穆里尼奥难逃"穆三年"魔咒，命运已经注定。赛后，他坦然承认："这是我执教生涯最糟糕的一个赛季！"果然，国王杯决赛结束三天之后，"狂人"就下课了。要知道就在一年之前，夺得西甲冠军的他，刚与皇马续约四年。

曾经两次问鼎欧冠、被誉为世界足坛最优秀主帅之一的穆里尼奥，最终都未能帮助 C 罗夺得个人第二座欧冠冠军，还有谁可以呢？

三英聚首 灭豪雄

欧冠之王

谁来接替穆里尼奥？这是一个难题，但弗洛伦蒂诺只钟情于一人——意大利人卡尔洛·安切洛蒂。

这是一位他心仪已久的足坛名帅，此前已经发出过两次执教邀请，都遭到对方的拒绝，直到第三次，安切洛蒂才点头同意。

安切洛蒂与穆里尼奥，是截然不同甚至完全相反的两个人，却是当下最适合皇马的选择。

球员时代，他代表AC米兰分别两夺意甲和欧冠冠军；转战教练席之后，他又率领"红黑军团"两次问鼎欧冠，以两种身份，总计4次捧起大耳圣杯，堪称欧冠历史上最成功、最传奇的人物！

更重要的是，他的性格与"狂人"正好相反：温和宽厚，风趣幽默，是个十足的"老好人"，在更衣室里深受球员们的爱戴。而且他绝不死板，能够因地制宜地做出调整，比如让皮尔洛改打后腰，创造出四大10号并存的"圣诞树"阵型。虽然是意大利籍主帅、萨基的门徒，但安切洛蒂的骨子里有进攻足球的基因。

在穆里尼奥"对抗世界"三年之后，弗洛伦蒂诺就需要这么一位"老好人"，去与世界和解。来到皇马之后，安切洛蒂深知自己有两大任务：

第一，修复穆帅造成的更衣室内部裂痕，这就需要与C罗、拉莫斯两大球员领

130

第五章 再冠

袖搞好关系。

第二，改变防守反击的保守风格，踢得更有攻势、更漂亮，这同样需要Ｃ罗的帮助。

于是，安帅主动提出，希望Ｃ罗去踢中锋，但是，当Ｃ罗表达自己的想法，说出自己更想踢左边锋时，意大利人就立刻改弦更张了。

Ｃ罗当然知道安切洛蒂的大名，但在他以前的印象之中，安帅是一个非常严肃的人。不过第一次见面，他就改变了看法，相处之后，更是被这位胖乎乎的、长得像《灌篮高手》里安西教练的名帅的和蔼性格和为人处世的作风所折服。

"他好得不可思议，在我的整个职业生涯里，他是我遇到过的最好的、最重要的人之一，和他在一起就像一个家，你成了他家中的一分子。"

而在Ｃ罗眼中，安切洛蒂做得非常出色的一点，就是保护更衣室不受弗洛伦蒂诺主席的干扰，特别是在球员安排方面。换句话说，就是他坚持树立Ｃ罗为核心，赢得了Ｃ罗的心。

在当时，Ｃ罗其实已经感受到，自己在皇马队中的地位受到了威胁。因为2013年夏天，弗洛伦蒂诺有了自己的新宠——加雷斯·贝尔。

皇马斥资1.01亿欧元，将贝尔从英超球队托特纳姆热刺签下，这打破了Ｃ罗保持的转会费纪录。而Ｃ罗与皇马的续约谈判，则一直处于停滞当中，直到9月份才

签下新约，他获得了最高可以达到 2100 万欧元的巨额年薪。

对于这么高的薪水，"老佛爷"并不满意，他知道现在的皇马还离不开 C 罗，但需要扶植一个"新 C 罗"来与之相抗衡，以便日后能够彻底摆脱"C 罗依赖症"。于是，他买来了贝尔，并要求安切洛蒂重用这位威尔士边锋。

2010-2011 赛季的欧冠小组赛中，贝尔一战成名。

热刺两战国际米兰，贝尔出尽风头，彻底打爆拥有"世界第一右后卫"美誉的巴西国脚麦孔。首回合较量，贝尔左路多次上演强吃麦孔的好戏，完成惊人的帽子戏法；次回合虽然没有进球，但他依然多次"超车"蓝黑右闸，搞得后者狼狈不堪，并助攻梅开二度。

2012-2013 赛季，贝尔交出了 33 场英超 21 球的出色答卷，一举获得了英超联盟官方、职业球员工会、足球记者协会评选出来的"三料"赛季最佳球员！这简直就是下一个 C 罗啊！弗洛伦蒂诺如获至宝，所以不惜砸出重金，也要将贝尔挖来伯纳乌球场。而他也透过经纪人向弗洛伦蒂诺提出要求，希望能够像 C 罗那样，更多地往中路活动。

"老佛爷"进而向安切洛蒂施压。令他没想到的是，意大利人根本不为所动，丝毫没有在压力下屈服。最终，还是这个"老好人"说服了贝尔，让他接受了右边锋的位置。

C 罗和贝尔都是边锋，都要在边路拿球，但也都想往中路内切，这必然会挤占中路原本就很拥挤的空间。那么问题来了：中锋该怎么办？

如果是一名痴迷于进球、等着边锋来喂饼的中锋，必然无法适应皇马的打法。好在，安切洛蒂有本泽马。法国中锋有着出众的球商和意识，又足够无私，愿意做出牺牲，拉出来给队友做球，就像 C 罗在曼联时的队友鲁尼。

于是，本泽马（Benzema）、贝尔（Bale）、克里斯蒂亚诺（Cristiano），名垂青史的"BBC 组合"，就此诞生！

第五章 再冠

此外，安切洛蒂还拥有阿根廷国脚迪马利亚，他既可以顶替贝尔踢右边锋，也可以成为C罗在左边锋位置的替补，还能胜任中场，能够带来更好的攻守平衡。再加上掌控中场节奏的莫德里奇、拖后防守的哈维·阿隆索以及他的替补赫迪拉，"银河战舰"的中前场配置搭建完毕。

甫一到来，安切洛蒂就向弗洛伦蒂诺许下了郑重承诺：为皇马带来欧冠冠军。

"老佛爷"刚刚作为唯一的主席候选人连任成功，对于队史上第10冠的渴望，自然是更加迫切。而这也已经成为皇马俱乐部上下的共识与执念：西甲冠军、国王杯冠军、西班牙超级杯冠军都不算什么，最重要的就是欧冠，只有欧冠。

对于欧冠冠军，C罗更是急不可耐了。

在2013年11月的世界杯预选赛附加赛次回合中，他一人独中三元，让梅开二度的伊布拉希莫维奇黯然失色，凭借一己之力带领葡萄牙淘汰瑞典，跻身世界杯决赛圈，也因此"压哨"赢得了国际足联金球奖。

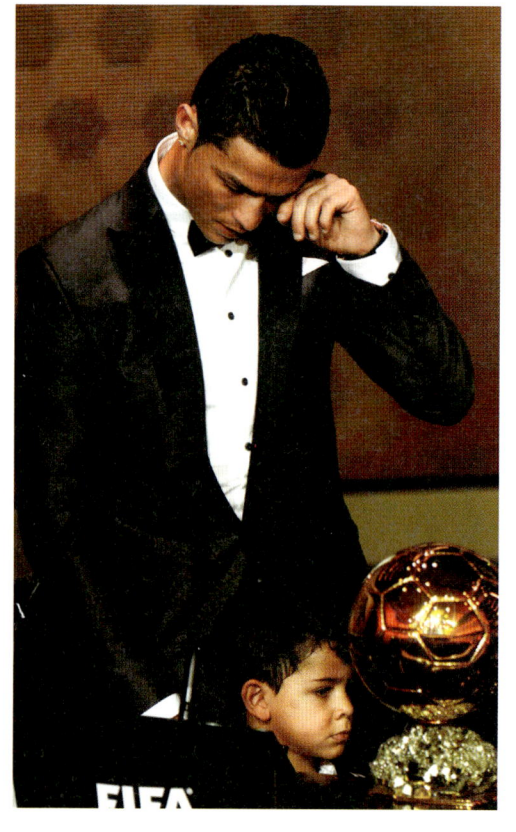

这是 C 罗的第二座金球奖。在颁奖典礼上，他动情地哭了起来。但是，这一评选结果，却引发了巨大争议！

舆论更同情拜仁慕尼黑的球员们，因为他们成就了三冠王伟业，尤其是夺得了欧冠冠军，在荣誉方面，是要胜过 C 罗的。这种声音，也让 C 罗再次明白：想要毫无争议地成为足坛第一人，大耳圣杯，是必须要拿到的！

2013-2014 赛季的欧冠小组赛，皇马与尤文图斯、加拉塔萨雷、哥本哈根同分在一组，出线不是问题，主要是与"斑马军团"争夺头名。

而从一开始，C 罗就展现出了极佳的竞技状态：首轮面对土超豪门，他一上来就上演帽子戏法；紧接着次战丹麦球队，又是梅开二度；两战尤文图斯，他一共打入 3 球；末轮对阵哥本哈根，又进 1 球——5 次出场，尽皆破门，小组赛阶段就狂轰 9 球！

八分之一决赛，皇马抽到了德甲劲旅沙尔克 04。

首回合做客，C 罗继续火爆演出，连下两城，连续第三个赛季欧冠进球上双！更重要的是，本泽马和贝尔也分别双响，"BBC 组合"竟然各进了两球！而且这 6 粒进球里，有 5 球是三人之间的互相传射，默契与威力尽显！

次回合比赛，C 罗又进两球，进球数已经达到惊人的 13 球，最终皇马两战 9 球屠戮，轻松晋级欧冠八强。

四分之一决赛，"银河战舰"再战克洛普的多特蒙德，C 罗也迎来了个人的欧

第五章　再冠

冠正赛百场里程碑（不算资格赛）。自然，他绝不想把里程碑变成"里程悲"，必须竭力避免重蹈上赛季的覆辙。

首回合比赛，贝尔和伊斯科相继破门得分，而 C 罗则在第 57 分钟接莫德里奇助攻，轻松把球送入网窝，锁定了 3 比 0 的比分。

这已经是他本赛季的第 14 粒欧冠进球，一举追平梅西、阿尔塔菲尼共同保持的欧冠单季进球纪录；也是他职业生涯的第 64 粒欧冠正赛进球，还是排在劳尔（71 球）和梅西（67 球）之后，位列历史第三。

3 球的优势已经很明显了，所以次回合的较量，C 罗并没有首发。皇马虽然 0 比 2 告负，但仍然以 3 比 2 的总比分挺进四强！安切洛蒂也算是替穆里尼奥成功复仇了。

欧冠半决赛，皇马的对手是卫冕冠军拜仁慕尼黑。不过，此时拜仁的主帅已经从海因克斯换成了瓜迪奥拉。没有了巴萨，没有了梅西，没有了穆里尼奥，没有了国家德比，只剩下 C 罗与"瓜帅"的直接对话。

4 月 23 日，伯纳乌球场，皇马率先主场作战。赛前，"美凌格"很担心：C 罗受到髌腱炎的困扰，已经缺席了 4 场比赛，虽然火线复出，但状态究竟如何？

事实证明，这种担心还是有些多虑！尽管不在自己的最佳状态，C 罗依然是球场上最耀眼的明星。

比赛第 19 分钟，C 罗左路策动攻势，送出手术刀直塞，科恩特朗左路突破下底低传，本泽马门前包抄到位，轻松推射破门，打破场上僵局！

仅仅 1 分钟之后，迪马利亚右路传中，C 罗门前头球攻门，被德国门神诺伊尔没收。第 26 分钟，本泽马快速反击中斜传门前，C 罗中路包抄推射，可惜将球打偏，错失得分良机。

尽管 C 罗未能攻城拔寨，皇马还是 1 球小胜，占得先机。赛后，安切洛蒂为爱将的拼搏而感动，称赞道："克里斯蒂亚诺只恢复了 50% 的状态，但他已经尽了最大的努力。"

6 天之后的次回合大战，C 罗的状态从 50% 提升到了 80%，于是，就成为比赛的真正主宰者。

当然，先站出来的是拉莫斯。第 16 分钟和第 20 分钟，莫德里奇的角球传中，迪马利亚的任意球传中，西班牙铁卫头球梅开二度，将总比分扩大为 3 比 0。

接下来，就轮到 C 罗了。第 34 分钟，"BBC 组合"联袂发威：本泽马反击中右路分球，贝尔中路突破后无私横传，C 罗禁区左侧单刀面对诺伊尔，左脚冷静推射破门！

第 89 分钟，C 罗大禁区弧顶前被放倒，赢得了距离球门只有 24 米的极佳任意球机会。他与莫德里奇、贝尔都站在球前，这足以令任何门将精神紧张。不过，诺伊尔被誉为"世界第一门将"，深知这种至关重要的任意球，必定是 C 罗主罚，而这种距离，对于电梯球来说太近，所以心中打定主意，要着重提防他的弧线球。

第五章 再冠

任意球其实与点球一样，都是罚球人与门将之间的心理博弈。C罗也猜到诺伊尔的心中所想，于是，他做出了一个极其大胆又出人意料的决定：没有选择弧线球绕过人墙，而是直接一脚低射！

球从人墙底下钻过，飞速蹿入网窝，诺伊尔目瞪口呆，毫无反应！

这是一脚罗纳尔迪尼奥式的任意球破门，C罗再次展现出自己的天资、理性与冷静。他本赛季的欧冠进球数，也达到了16球，一举超过梅西、范尼斯特鲁伊、阿尔塔菲尼，创造了欧冠单赛季的进球新纪录！而他的欧冠正赛总进球数也达到66球，距离梅西只差1球；欧冠淘汰赛总进球数达到33球，正好多出梅西2球！

最终，皇马4比0大胜拜仁，以5比0的总比分淘汰对手，终于打破了持续三年的"半决赛魔咒"，时隔12年，再次跻身欧冠决赛！

而队史第10个欧冠冠军，真的就在那一步之外了。

五载之后再捧杯

C罗的故乡马德拉岛，在地理上其实不属于欧洲，它离非洲西海岸相对更近，位于北非国家摩洛哥以西600千米的大西洋上。而在马德拉岛东北方向的1000千米之外，就是欧洲大陆最西端的城市——葡萄牙首都里斯本。

　　拥有500多年历史的贝伦塔，矗立于特茹河北岸，见证了里斯本曾经的辉煌。在大航海时代，航海家们从这里出发，在风暴中探寻与丈量着地球的边际。

　　离开马德拉岛，C罗的第一站，也是里斯本。从这里出发，他走向了曼彻斯特、马德里，甚至全世界。而如今，他又回到了里斯本，不过，回的不是葡萄牙体育的阿尔瓦拉德球场，而是本菲卡的光明球场——2014年欧冠决赛，就在这里举行。

欧冠之王——C罗

皇马的对手是"马竞",此时的"马竞",正处于最巅峰的时期。

在刚刚结束的西甲联赛里,他们与巴萨争夺冠军,直到5月17日最后一轮直接交锋,才分出胜负。而1比1的比分,足以令迭戈·蒙尼的球队力压对手,夺得18年来的第一个西甲冠军!

"床单军团"最引以为傲的,是他们的铁血防线:门将库尔图瓦,边后卫胡安弗兰、费利佩·路易斯,中后卫戈丁、米兰达,再加上中前卫加比、蒂亚戈·门德斯。这条防线,让"马竞"整个赛季38轮联赛只丢了26球,比皇马少丢12球!

锋线上,他们拥有迭戈·科斯塔和大卫·比利亚。有着巴西和西班牙双重国籍的科斯塔,球风强硬,在场上横冲直撞,对方后卫很难与之抗衡。本赛季西甲,他35场攻入27球,仅次于31球的C罗和28球的梅西,欧冠也有8球入账。

从巴萨加盟的比利亚,则是技术精湛,意识敏锐,身经百战,经验老到,本赛季西甲贡献15球5助攻,两人"一文一武",相得益彰。

第五章 再冠

两翼，则有劳尔·加西亚、科克和阿尔达·图兰。这三人之中，有两人担当主力。他们的跑动和防守非常积极，不仅愿意干脏活累活、坚决执行教练的战术意图，而且还能在进攻端提供创造力和进球。

如此一来，"马竞"的442阵型组织严密，退可守，进可攻，具有极强的战斗力。所以，他们才能在八分之一决赛双杀AC米兰，还打出了4比1的神作；四分之一决赛1平1胜淘汰巴萨，面对梅西、内马尔领衔的攻击群，两回合只丢1球；半决赛力克切尔西，把以防守见长的穆里尼奥，防得毫无脾气。

对上这样一支"马竞"，皇马的难度可想而知！

事实上，联赛里的两回合交手，皇马都没能占到什么便宜：2013年9月28日，他们在伯纳乌0比1饮恨，科斯塔第10分钟一击制胜，C罗却无功而返。2014年3月2日，卡尔德隆球场的德比战，"银河战舰"又以2比2平局收场，C罗第82分钟才将比分扳平。

此外，安切洛蒂的球队还被巴萨双杀：主场1比2告负，客场更是输了个3比4，梅西上演帽子戏法——4战两大德比死敌，竟然全都不胜！

好在，4月16日的国王杯决赛，皇马还是以2比1险胜巴萨，夺得了本赛季的第一座冠军奖杯，总算是为欧冠决赛增添了些许信心，不过，C罗却因伤缺席了这场比赛。

4月，C罗左腿肌肉拉伤，休战半个月，因此无缘国王杯决赛。5月初，皇马客场挑战巴拉多利德，他因为髌腱炎感到不适，只踢了8分钟就被换下场；伤情稍稍好转，C罗又准备在西甲收官战中首发，结果热身赛时再次感到不适，为保险起见，最终被伊斯科顶替。

就在决赛之前，一直困扰C罗的髌腱炎又一次发作了，但是无论如何，他都不可能缺席这场"光明顶决战"。

回到祖国踢决赛，C罗是"荣归故里"，若不能上阵，葡萄牙球迷会非常失望。当然，最失望的肯定是他自己，因为这是他职业生涯至今最重要的一场比赛。

这尊大耳金杯，C罗追逐了六年，从曼彻斯特追到了马德里，纵然被巴萨、多

欧冠之王——C罗

特蒙德、拜仁击败，也是百折不回，直到今天，才终于重新回到了最后的决战舞台。

若是夺冠，C罗不仅将成为皇马的英雄，更将成为无可置疑的足坛第一人，当之无愧的金球奖得主。若是失败呢？他将会被天下人嘲笑，包括皇马球迷，也许他永远也比不过、赶不上梅西了！

比赛开始了，仅仅9分钟，就有球员因伤被迫离场！不过不是C罗，而是迭戈·科斯塔——马竞遭遇当头一棒。

可是，西蒙尼的球队实在是太顽强、太铁血了。

第36分钟，加比右侧角球传中被解围，胡安弗兰头球摆渡顶回到禁区内，戈丁小禁区前力压赫迪拉、完成头球接力，卡西利亚斯出击失误，回追捞球已经来不及，球吊入空门，0比1！马竞领先，皇马落后。

第五章 再冠

面对马竞的铜墙铁壁，C罗踢得很艰难，只能通过任意球射门来寻找机会，可惜，每次尝试都被库尔图瓦拒之门外。

眼看着时间一分钟一分钟地流逝，90分钟常规时间已经结束，进入伤停补时，比赛行将结束，他就要梦断里斯本。西班牙中卫拉莫斯此时挺身而出，意欲拯救C罗，更拯救皇马！

第93分钟，莫德里奇右侧角球传中，"水爷"后插上甩头攻门，将球顶入球门左下角！安切洛蒂的球队压哨绝平，奇迹般地将比赛拖入到加时。

眼看着到手的胜利从嘴边溜走，体能耗尽、多人受伤的马竞血拼到最后，终于还是绷不住了。加时赛第110分钟，迪马利亚左路强行内切，连过三人杀入禁区，左脚低射被库尔图瓦扑出，贝尔头球入网，2比1，皇马反超比分。

143

第 118 分钟，C 罗为队友作嫁衣：左路回敲，马塞洛中路连续突破后左脚低射，库尔图瓦虽然扑到球，但经过折射之后，皮球还是飞入网窝，3 比 1！

第 120 分钟，由 C 罗来为比赛正式盖棺论定了：他突入禁区被戈丁放倒，亲自主罚点球命中，4 比 1！胜利属于马德里，白色的那一边。

进球之后，C 罗"疯"了！他脱去上衣，张开双臂，狂奔着，嘶吼着，向全世界秀出了自己漂亮的上半身肌肉，尤其是那八块腹肌。这副完美的身材，犹如古希腊的雕塑一般，在那个夜晚熠熠发光。这是他多年以来努力健身训练的结果，就和那尊金光闪闪的奖杯一样。

从 2008 年 5 月 21 日到 2014 年 5 月 24 日，六年零四天，2194 天，C 罗终于夺得了个人的第二个欧冠冠军，也是加盟皇马以来的第一个。

他以 17 粒进球，刷新了欧冠单赛季的进球纪录；以 67 粒欧冠正赛进球，追平梅西，位列历史射手榜第二；算上资格赛的话，欧冠总进球数达到 68 球，正式超越梅西，仅次于"历史第一射手"劳尔。

1978 年世界杯冠军队主帅梅诺蒂评价道："随着安切洛蒂的到来，皇马变得更平静了，C 罗随之发生变化，以往他只是想着赢球，现在他变得更淡定与从容了。"

第五章 再冠

因为稳定而淡定，因为自信而从容。虽然C罗在决赛中只进了一个看似是"锦上添花"的点球，但是，如果没有他的连续8场进球，没有他全部的17粒进球，皇马根本不可能走到最后的决赛，更别提夺冠了。

所以，"银河战舰"能够时隔12年再次问鼎、队史第10次欧冠折桂，成为历史上第一支欧冠夺冠次数达到两位数的球队，C罗绝对是头号功臣，这毋庸置疑。

即便不看西甲冠军和国王杯冠军，只看这尊大耳圣杯，皇马在C罗身上投入的那9400万欧元转会费，以及一年2100万欧元的工资，就全都值了！

一尊金球 何以酬

2015年1月12日，瑞士苏黎世，又一年的国际足联年度颁奖典礼。

没有任何悬念，C罗成为最终的赢家，得票率达到37.66%。第二名梅西的得票率是15.76%，第三名、2014年世界杯冠军得主诺伊尔的得票率是15.72%——他一个人，就超过了另外两位的总和。

这是C罗的第三座金球奖，完成了对迪·斯蒂法诺、贝肯鲍尔、凯文·基冈、鲁梅尼格、罗纳尔多五大巨星的超越，追平了克鲁伊夫、普拉蒂尼、范巴斯滕的纪录，而在他前面，就只有四夺金球奖的梅西了。

登上领奖台，C罗深吸几口气，开始发表获奖感言。

他感谢了安切洛蒂、拉莫斯等皇马将帅，还提到了梅西。"我从来没有想过能够赢得三个金球奖，但我还不满足，我想要赶上梅西，这只能通过努力去实现。不过我对此并不迷恋，金球奖很好，但更重要的是，这是我继续获得集体荣誉的动力。"

这番话的背后，更多的不是你争我夺，而是惺惺相惜。在之前的新闻发布会上，C罗半开玩笑地说，希望能和梅西、诺伊尔做队友。梅西也做出友善的回应："我知道很难，但和C罗当队友，一定是一件很有意思的事情。克里斯蒂亚诺所做的一切不可思议，他有一个伟大的赛季。"

发言结束时，他双拳紧握，突然对着话筒大吼一声。观众席上的安切洛蒂禁不住笑了，因为每次进球之后，C罗都会这么做。而在未来，皇马要是想成功卫冕欧冠，甚至拿到更多的冠军，就需要C罗发出更多这样的吼声。

"更多的冠军"中的第一个，就是2014年12月的世俱杯。皇马在世俱杯半决

欧冠之王——C罗

赛中4比0大胜墨西哥蓝十字,决赛中又以2比0击败阿根廷球队圣洛伦索,轻松捧杯。C罗没有进球,但送出两次助攻,继2008年之后,第二次成为"世界之王"。

不过在8月举行的西班牙超级杯上,皇马再战马竞,两回合1平1负,被对手复仇成功,丢掉了新赛季的第一项冠军。刚踢完世界杯的C罗,一场首发,一场替补,各踢了45分钟比赛,并未竭尽全力。

第五章　再冠

而在他获得金球奖的前后几天，安切洛蒂的球队又在国王杯第 5 轮中被"床单军团"淘汰出局，于是，在新年的第一个月过后，就只剩下西甲和欧冠两个冠军可以去争夺了。

联赛里，皇马的开局倒是极佳，而这主要归功于状态炸裂的 C 罗。他竟然连续 11 轮比赛都有进球，打破了个人纪录！其中，包括一场大四喜、两场帽子戏法、两场梅开二度，一共打入 20 球。"暂停"一轮之后，C 罗又连续 3 轮破门，完成一次帽子戏法，前 15 轮联赛就斩获 26 球——多么疯狂的数字！

然而，正所谓"球场得意，情场失意"。与一年前不同，C 罗的俄罗斯模特女友伊莲娜·莎伊克并没有出现在金球奖的颁奖典礼上，这让人嗅到一丝不同寻常的味道。

果然，在那之后不久，C 罗就"官宣"两人分手了。

显然，失恋给他造成了情感上的沉重伤痛、情绪上的巨大失落。

1 月 24 日，皇马做客挑战科尔多巴，在对方球迷的恶意辱骂之下，C 罗失控了！他踢了对方球员艾迪马尔一脚，并给了对方一巴掌，又与其他球员发生冲突，结果被红牌罚下。不过很快，他就冷静了下来，向艾迪马尔公开道歉。

半个月之后，好不容易等到 C 罗结束停赛复出，皇马却再遭重创，在西甲同城德比中 0 比 4 惨败于"马竞"，这是自 2010 年 11 月国家德比 0 比 5 惨案之后，"银河战舰"输过的最惨一战！赛后，虽然他们还排在西甲积分榜第一，但是领先巴萨的优势只剩下 1 分了。

而 C 罗的另一个举动，更是引起了轩然大波！

比赛结束后不久，他就在马德里的一家豪华酒店里举办了 30 周岁的生日派对，这一消息被泄露出来之后，引发了皇马世界的剧烈震动，激起"美凌格"的强烈不满。

要知道，虽然本赛季加盟皇马的哈梅斯·罗德里格斯出现在派对当中，但是，弗洛伦蒂诺、安切洛蒂、拉莫斯、卡西利亚斯等皇马俱乐部的主要成员，都没有参加。

是的，2015年2月5日，C罗30岁了。这个年龄，通常是一名职业球员的最巅峰时期，同时，也意味着他要开始走下坡路了。C罗当然不是普通球员，但他也是人，看起来无法违抗自然规律。

很多悲观者已经做出预言：C罗快不行了。年龄和伤病是一方面，更主要的原因是，梅西比他小两岁，却得到了两位世界级球星的鼎力相助，这两人甚至被认为比本泽马、贝尔都要出色。所以，往后几年，C罗大概率都要被梅西压制，拿不到冠军了。

对此，C罗轻蔑地一笑：**走着瞧。**

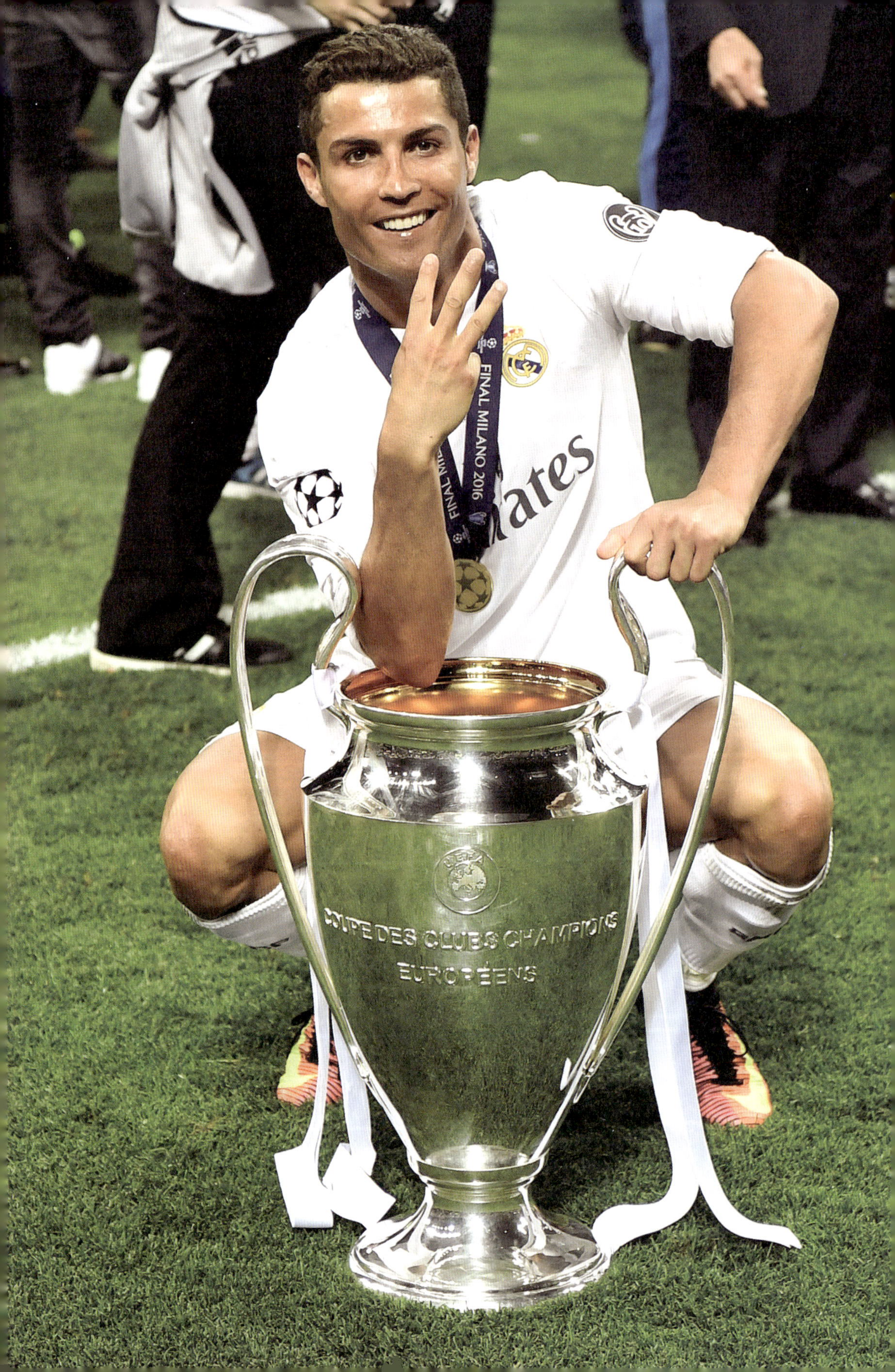
FINAL MILANO 2016
COUPE DES CLUBS CHAMPIONS
EUROPÉENS

第六章
荣光

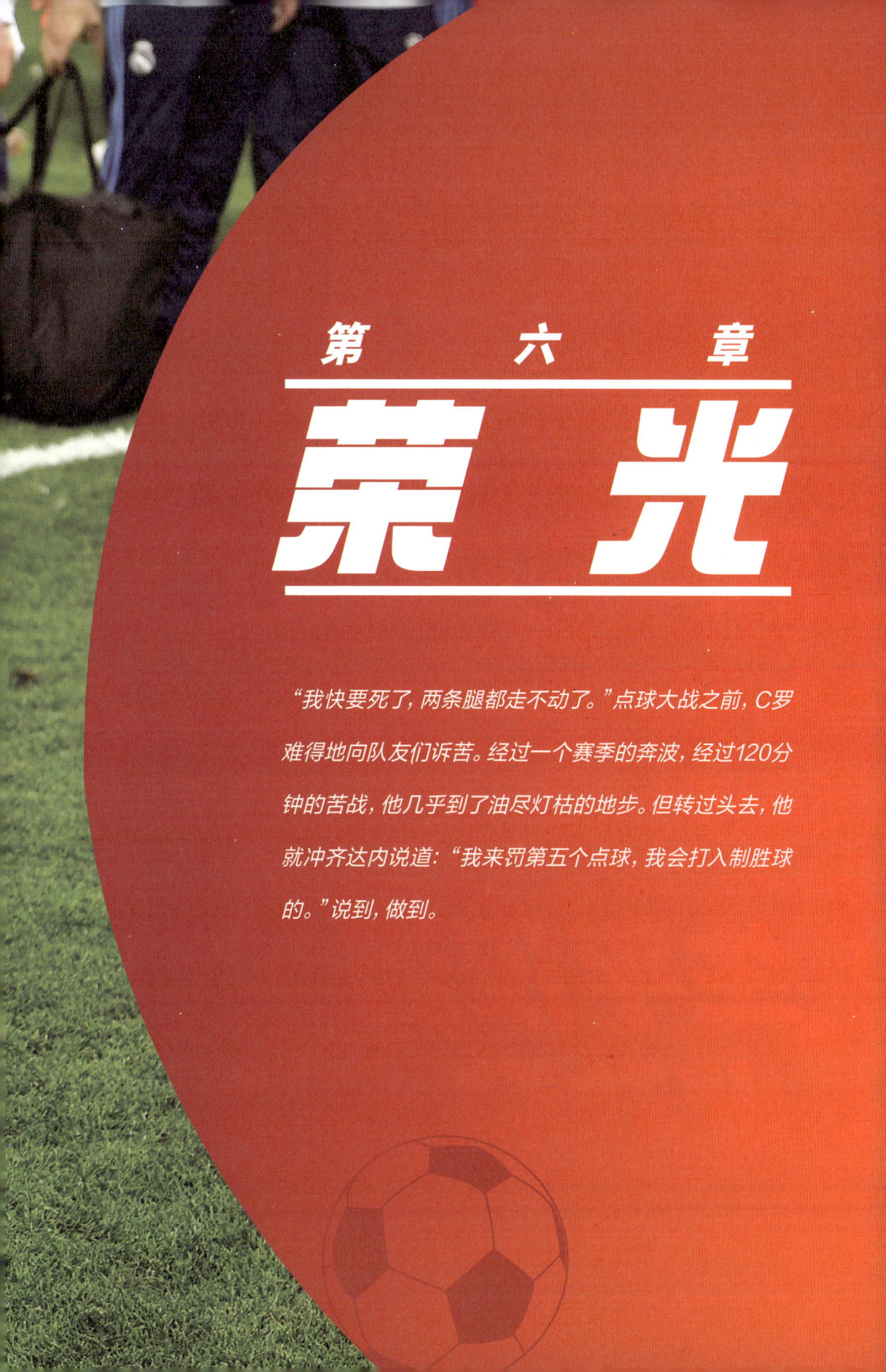

"我快要死了,两条腿都走不动了。"点球大战之前,C罗难得地向队友们诉苦。经过一个赛季的奔波,经过120分钟的苦战,他几乎到了油尽灯枯的地步。但转过头去,他就冲齐达内说道:"我来罚第五个点球,我会打入制胜球的。"说到,做到。

生平仅遇
此劲敌

梅西的搭档之一，是巴西前锋内马尔。

内马尔和 C 罗是同一天的生日，都是 2 月 5 日，只不过内马尔出生于 1992 年，比 C 罗年轻了整整 7 岁。他从巴西豪门桑托斯出道，年少成名，天赋异禀，很早就被视为贝利的未来接班人，只从脚下技术的华丽程度来看，梅西和 C 罗恐怕都得甘拜下风。

这样的足球天才，自然受到欧洲豪门的猛烈追求，而皇马和巴萨，就是最主要的竞争对手。最终巴萨得手。2013 年 6 月，内马尔加盟巴萨，转会费超过 8000 万欧元。四个月之后，他在自己的第一场国家德比中就破门得分，帮助巴萨 2 比 1 战胜皇马，成为梅西的得力助手。

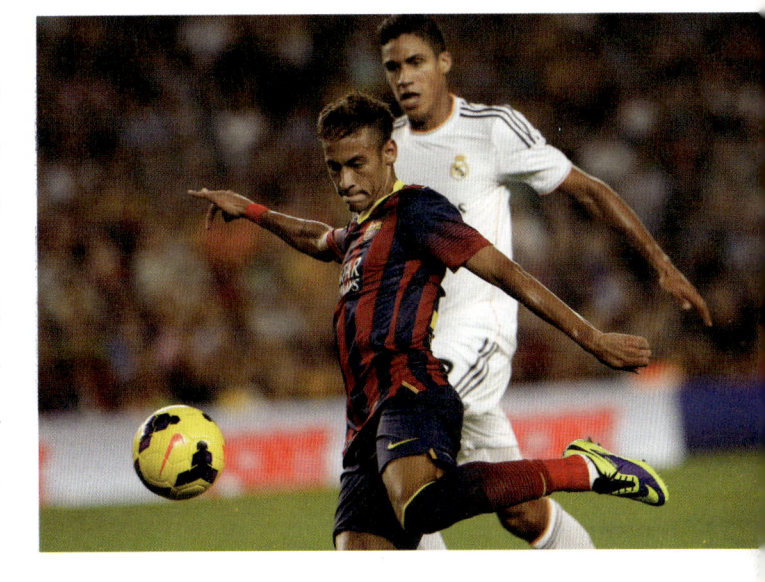

另一位搭档，是乌拉圭前锋路易斯·苏亚雷斯。

苏亚雷斯出生于 1987 年 1 月 24 日，与梅西同年，但生日更大。在阿贾克斯，苏亚雷斯逐渐打响名头，2009-2010 赛季打入 35 粒联赛进球，荣膺欧洲金靴奖，

欧冠之王——C罗

一举吸引到欧洲豪门的目光。

2011年冬季转会期，他转投英超，以2650万欧元的转会费加盟利物浦。在安菲尔德球场，苏亚雷斯真正进化为"苏神"。2013-2014赛季，苏亚雷斯一人独进31球，荣获英超金靴，险些为"红军"夺得队史首个英超冠军。

2014年世界杯，苏亚雷斯恶习不改，再次咬人，被国际足联禁赛4个月。不过，巴萨不改初衷，依然对他青睐有加。于是，乌拉圭射手以8100万欧元的高价登陆诺坎普球场，直到10月25日才完成红蓝生涯的处子秀，而对手，正是皇马！

那场国家德比，苏亚雷斯首发亮相，结果开场4分钟，就助攻内马尔闪电破门。虽然C罗点球扳平比分，佩佩和本泽马先后破门，最终为皇马带来3比1的逆转。但是，巴萨依然收获巨大：梅西（Messi），苏亚雷斯（Suárez），内马尔（Neymar）——"MSN组合"正式诞生，与皇马的"BBC组合"分庭抗礼。

2015年3月22日，西甲国家德比的次回合较量，在诺坎普球场打响。巴萨主帅路易斯·恩里克祭出"MSN"，安切洛蒂则以"BBC"应战，针尖对麦芒，配得上"世纪大战"之名。

梅西为巴萨首开纪录：左路任意球传中，法国中卫马蒂厄摆脱拉莫斯，小禁区前冲顶破门。第31分钟，C罗为皇马扳平比分，这是他在国家德比攻进的第15球，从而超越普斯卡什、亨托和塞萨尔，追平劳尔，并列历史第三。

可惜，皇马最后还是输了。第 56 分钟，阿尔维斯后场右路送出长传，苏亚雷斯突入禁区右侧，斜射远角破门，为巴萨锁定 2 比 1 的胜局！"MSN"也第一次击败了"BBC"。

此战过后，安切洛蒂的球队已经落后死敌 4 分，夺冠形势不妙。最后 10 轮，他们全力冲刺，在联赛里豪取 9 胜 1 平的不败战绩，只丢了 2 分。9 比 1 血洗格拉纳达一战，C 罗甚至狂进 5 球，职业生涯第一次上演巴掌戏法！

可是，巴萨实在是太稳了，完全没有掉链子，不给皇马任何机会：最后 10 轮 8 胜 2 平，同样保持不败，只丢了 4 分，成功保住领先优势。最终，92 比 94，坚持努力到了最后一刻，"银河战舰"还是以两分的微弱劣势，痛失西甲冠军。

这标志着一个"四大皆空"赛季的到来，因为在此之前，皇马已经确定无缘卫冕欧冠了！

小组赛阶段，他们踢得顺风顺水，面对利物浦、巴塞尔、卢多戈雷茨，6 战全胜，昂首挺进淘汰赛。C 罗的状态也非常出色，贡献了 5 粒进球。

最后一轮 4 比 0 大胜卢多戈雷茨的点球破门，更具有极其重大的意义，因为这是他在欧冠正赛攻进的第 72 球，超越了 71 球的"前历史第一射手"劳尔！

欧冠之王——C罗

C 2007年4月10日，C罗斩获欧冠正赛第1球。2800天之后的2014年12月9日，第72球诞生。这7年零8个月的时间里，有辉煌，有低谷，有泪水，有心酸，个中滋味，只有C罗一个人知道。

八分之一决赛，皇马首回合做客德国，2比0击败沙尔克04，C罗首开纪录。次回合，伯纳乌球场上演了一场进球大战，"皇家蓝"竟然斩获4球！所幸，C罗头球梅开二度，本泽马打入关键进球，还是令"银河战舰"有惊无险地闯入欧冠八强。

不过，主场球迷的嘘声，还是令C罗感到难堪和不满。不只是他，就连从来都是皇马自己人的"圣卡西"，都没逃过"美凌格"的嘘声。

这就是皇马，拥趸的要求非常严苛：不仅要赢球、要夺冠，还要踢得漂亮。穆里尼奥赢得丑陋，都要挨嘘，更何况是输掉比赛？刚刚问鼎欧冠不到一年又如何？皇马不应该躺在功劳簿上，应该永远追求下一个冠军！

第六章 荣光

但是，C罗为自己、为队友抱不平，认为所有努力都被无视了。所以，比赛结束后，他语出惊人："你们什么也别问，在赛季结束前，我什么都不会说的。"媒体记者顿时哑然，面面相觑，足坛第一流量巨星选择了沉默，他们以后还有什么新闻可写呢？

四分之一决赛，皇马本赛季第七次遇到马竞。前六次，他们一场不胜，只获得两场平局。但到了欧冠赛场，安切洛蒂的球队再次证明谁才是马德里的真正老大。

首回合做客卡尔德隆球场，皇马虽然依旧没赢，但0比0的平分，至少让他们占据了晋级的优势。次回合回到伯纳乌，C罗连续制造威胁，任意球射门和单刀推射，却都被对方门将奥布拉克扑出。

阿尔达·图兰的染红离场，让比赛的天平朝着主队这边倾斜。最终，还是C罗在第88分钟决定了比赛：他禁区右侧带球内切后及时横敲，"小豌豆"埃尔南德斯扫射空门得手，1比0！两回合的唯一进球，足以确保"银河战舰"闯入欧冠半决赛。

2015年5月5日，皇马对决尤文图斯。一年前的欧冠小组赛，两队有过两次交锋，C罗主场梅开二度，客场一传一射，堪称"斑马军团"的克星。此番做客尤文竞技场，他能再次攻破未来东家的城门吗？

比赛第8分钟，C罗的曼联前队友特维斯禁区右侧一脚低射，被卡西利亚斯单掌扑出，皇马旧将莫拉塔后点左脚推射破门，为尤文图斯取得领先。

第27分钟，C罗用标志性的进球方式扳平比分：哈梅斯·罗德里格斯禁区右侧挑传，他小禁区内头球冲顶破门，打入了欧冠正赛的第76球。

然而第56分钟，尤文图斯发动快速反击，皇马右后卫卡瓦哈尔禁区内绊倒特维斯，当值主裁阿特金森判罚点球，阿根廷前锋主罚点球劲射破门，将比分锁定为2比1。

此后，C罗和队友们再也无力改写比分，只能无奈地吞下首回合告负的苦果。

值得一提的是，尤文图斯此战的首发阵容里，布冯、博努奇、基耶利尼、莫拉塔都在未来成为C罗的队友，而皮尔洛则直接成为C罗的主教练。

8天后的次回合生死战，手握一个客场进球的皇马，只要在伯纳乌球场取得1比0小胜，就能逆转晋级决赛。但是，如果尤文图斯打入1球的话，他们就得进3个球。

欧冠之王——C 罗

比赛第 23 分钟，基耶利尼禁区内踢倒哈梅斯·罗德里格斯，C 罗主罚点球命中，皇马真的 1 比 0 领先了！

可惜的是，尤文图斯也真的打进了 1 球：第 57 分钟，比达尔挑传，博格巴头球摆渡，莫拉塔禁区中路停球抽射破门。

1 比 1，两回合 2 比 3，"银河战舰"就此止步，无缘欧冠决赛，彻底宣告卫冕失败！

不过从个人角度来说，C 罗的表现无愧这身白色战袍：他本赛季的欧冠进球数定格为 10 个，再次上双，欧冠正赛总进球数则达到 77 球，均追平梅西，并列历史第一！

等会儿！C 罗之前不是已经超越了"前历史第一射手"劳尔吗？怎么第一射手又变成梅西了？

因为梅西也在进球。早在 2014 年 11 月 25 日的欧冠小组赛第 5 轮，他就上演帽子戏法，以 74 粒进球，完成了对劳尔的超越，登顶欧冠历史射手榜。

最后一轮对阵巴黎圣日耳曼，梅西再进 1 球。虽然八分之一决赛面对曼城、四

第六章 荣光

分之一决赛再战巴黎，他都空手而归，但巴萨 4 战全胜，因为苏亚雷斯斩获 4 球，内马尔贡献 3 球，极大减轻了阿根廷球星的负担。

半决赛大战拜仁，梅西终于打破进球荒，一人取得 2 球 1 助攻，欧冠总进球数来到了 77 球，带领巴萨首回合 3 比 0 完胜。次回合，"红蓝军团"虽然 2 比 3 告负，但苏亚雷斯助攻梅开二度，且两次助攻都送给内马尔，M 和 N 双剑合璧，还是让德甲"南大王"打道回府。

2015 年 6 月 6 日，德国柏林奥林匹克体育场。已经夺得西甲和国王杯冠军的巴萨，3 比 1 击败已经问鼎意甲冠军的尤文图斯。阿莱格里率领的"老妇人"成熟稳定，正值巅峰，但还是败给了巴萨的天赋。

梅西没有进球。不过比赛第 69 分钟，正是他反击中的远射，造成了布冯脱手，苏亚雷斯补射破门。

从"梦三"到"梦四"，巴萨迎来中兴，成为历史上第一支两次成就单赛季三冠王伟业的球队！而这两次三冠王，梅西都是当家球星，这是他第四次夺得欧冠冠军，将与 C 罗之间的差距，重新拉大到了两冠。

帅位动
山河撼

穆里尼奥拿到了西甲冠军，但没有拿到欧冠冠军，所以他被解雇了。安切洛蒂拿到了欧冠冠军，是第 10 冠的主要缔造者之一，但他没有能够卫冕成功，所以，也难逃弗洛伦蒂诺手中无情的"屠刀"。

　　其实，虽然赛季四大皆空，皇马毕竟还是取得过 22 连胜的佳绩，捧起了世俱杯冠军，闯入了欧冠半决赛，并没有那么失败和不可接受。而且安切洛蒂赢得了球员们的支持，尤其是 C 罗。他在社交媒体上公开发声，称赞安切洛蒂是一个伟大的教练、伟大的人，希望下赛季能继续合作，但这无法改变"老佛爷"的心意。

　　此时，弗洛伦蒂诺已经选择西班牙人拉斐尔·贝尼特斯。与安切洛蒂相同的是，贝尼特斯也是当世名帅，执教过多家欧洲豪门，也有过问鼎欧冠的辉煌经历，尤其是 2005 年的伊斯坦布尔奇迹，更是他平生的得意之作。

　　更何况，贝尼特斯还有皇马的 DNA，球员时代曾为皇马青年队踢球，后来执教过 B 队，一直以来，都以担任"银河战舰"的主教练为自己的毕生理想。利物浦名宿卡拉格就说过："贝尼特斯在利物浦执教时，隔三岔五就会说皇马给他开了合同。他真的很想很想成为皇马的主帅。"

　　与安切洛蒂不同的是，贝尼特斯绝对不是一个"老好人"。他完全痴迷于足球，追求完美主义，对人非常严厉，要求极其严格，不太懂也不愿意懂人情世故。如何与巨星相处，让他们为自己卖命？这一直都是"贝大帅"执教生涯遇到的最大难题。

　　在瓦伦西亚，贝尼特斯虽然夺得西甲冠军，但还是与俱乐部高层闹翻，说出了那句"我想要沙发，他们却给了我台灯"的经典名言。

在利物浦，杰拉德是一队之长，是伊斯坦布尔奇迹的主要功臣，但他亲承，自己与贝尼特斯关系冷淡，自从后者离开之后，就再也没有说过话；西班牙边锋列拉更曾公开质疑他的训练方式。

在国际米兰，他炮轰俱乐部主席莫拉蒂过分干涉球队，萨内蒂、马特拉齐、迭戈·米利托等穆里尼奥时代的主力核心，都曾公开回怼过；在切尔西，他和更衣室领袖特里、兰帕德闹了矛盾，还惹恼了老板阿布拉莫维奇；在那不勒斯，主力前锋伊瓜因和卡列洪，也对他感到非常不满。

那么来到巨星云集的皇马，贝尼特斯能控得住场吗？其实，弗洛伦蒂诺聘请他来的真正目的，不是为了掌控更衣室，而是为了打压 C 罗，扶植贝尔。

早在 2015 年 3 月，这位皇马主席就公开剖白自己的心意："贝尔永远都不会离开皇马，我们也不会听取任何关于他的报价。贝尔是一名关键球员，为皇马做出了很多贡献，绝对可以被视为皇马的未来支柱，就像我无法想象皇马没有 C 罗一样，我也肯定无法想象皇马没有贝尔。"

第六章 荣光

他说这话时，贝尔的表现非常糟糕，已经遭遇 9 场进球荒，正饱受媒体的批评，主力位置不保。安切洛蒂也不愿意把他放到中路，让他去抢占 C 罗的地盘。在这样的关头，"老佛爷"出面发言力挺，重点当然不是"不能没有 C 罗"，而是"不能没有贝尔"，指明贝尔才是皇马的未来，C 罗不是。

在弗洛伦蒂诺的指示下，贝尼特斯决定树立贝尔为核心。刚一上任，他就跑到威尔士代表队，去和贝尔促膝长谈。2015-2016 赛季开始后，"大圣"果然出现在了他最想要的中路位置，要么踢前腰，要么踢前锋。而在贝帅的口中，C 罗变得和贝尔、本泽马、哈梅斯·罗德里格斯等队友一样，只是"世界最佳球员之一"。

对此，C 罗相当不满。

他当然有理由也有资格不满，因为他是皇马的头号球星、欧冠第一射手、称霸西甲和欧冠的最大功臣，现在却要让出自己的核心位置，凭什么？

所以从一开始合作，这对将帅之间就产生了巨大的裂痕，而以两人都非常强硬的性格，谁都不会妥协，裂痕只会越来越大。

让 C 罗不满的，还有贝尼特斯的训练方式。曾有传闻称，贝尼特斯当面教导过

C罗如何射门和主罚任意球，这让C罗感到被羞辱。但来到中国执教之后，"贝帅"亲口否认过。

另一个传闻，是说贝尼特斯曾经送给C罗一个U盘，指导他如何跑位，C罗气愤地回击："我也送他一个U盘，里面有我的进球集锦。"意思很明显：你算哪根葱？没资格教我！

事实证明，贝尼特斯和弗洛伦蒂诺都失策了。贝尔确实有实力，在新赛季开局的表现也确实不错，甚至还奉献过助攻帽子戏法，一度给他们长了脸。但随即他就遭遇到伤病的困扰。伤愈复出之后，"大圣"重新找回状态：对阵巴列卡诺上演大四喜，面对拉科鲁尼亚完成帽子戏法，然后，他又伤了。

第六章 荣光

所以，不管被动还是主动，皇马终究还是得以 C 罗为核心。

虽然与贝尼特斯不和，但 2015 年 9 月 12 日，C 罗还是如天神下凡般上演巴掌戏法，并送出 1 次助攻，一人独造全部 6 球，率领皇马 6 比 0 打爆西班牙人！

3 天之后的欧冠小组赛首轮，皇马面对顿涅茨克矿工，C 罗又是独中三元，以 80 粒进球，超越 77 球的梅西，成为欧冠的历史第一射手！

小组赛第二轮，面对瑞典球队马尔默，C 罗接着梅开二度，前两轮就打进 5 球；对阵巴黎圣日耳曼的两场较量，他暂时停止了进球的脚步。但最后两轮比赛，再战马尔默和矿工，他一场双响，一场四喜，两场狂轰 6 球，6 场血虐 11 球，让人目瞪口呆，叹为观止。

至此，C 罗的欧冠总进球数已经达到 88 球，而梅西在欧冠小组赛里只进了 3 球，欧冠总进球数是 80 球——C 罗反超 8 球。

不过有一说一，C 罗的表现有些高开低走。在联赛里，他经常只能在中下游球队身上刷进球，到了强强对话，却颗粒无收。尤其是 12 月 15 日的国家德比，梅西都不用首发，苏亚雷斯和内马尔两个人就大闹伯纳乌，让"BBC"相形见绌，巴萨也豪取 4 比 0 大捷，差点儿就复制了 5 比 0 惨案。

折腾半天，重树核心，却把"BBC 组合"彻底用废，这是贝特尼斯的一大罪状。不只 C 罗，他还把拉莫斯、本泽马、马塞洛等核心球员都得罪了一遍，破坏更衣室团结，又是一大罪状；国王杯违规使用切里舍夫，被判提前出局，更是闹出天大的笑话。再加上糟糕的战绩，"贝大帅"已经到了神憎鬼厌的地步，"美凌格"用脚投票，拒绝去现场看球，又导致伯纳乌的上座率下降，就连"老佛爷"也跟着被球迷骂。

一连串恶性的连锁反应，是可忍，孰不可忍？于是，2016 年 1 月 5 日，皇马官方宣布，贝尼特斯下课！

在新闻发布会上，弗洛伦蒂诺掷地有声地说道："我们已经结束了贝尼特斯的合同，任命齐达内为皇马的新教练。我们感谢贝尼特斯最近几个月的工作。齐达内是史上最传奇的球星之一，2014年以助教的身份帮助皇马赢得第10冠。他已经为这个位置准备好了。从现在起，齐达内，你就是皇马的主教练！"

玄宗不出
苍生何

齐内丁·齐达内，足球历史上球王级别的伟大人物，相信这个评价，应该没有多少球迷会反对，甚至可以这么说：他是C罗、梅西之前，世界足坛的上一位"第一人"！

齐达内的职业生涯夺得过1次欧洲冠军联赛冠军、2次意大利足球甲级联赛冠军、1次西班牙足球甲级联赛冠军等11座冠军奖杯，个人荣膺3次国际足联世界足球先生（1998年、2000年、2003年）和1次欧洲金球奖（1998年），是足坛大满贯球员之一。国家队方面齐达内代表法国国家男子足球队参加过1998年、2002年、2006年三届世界杯以及1996年、2000年、2004年三届欧洲杯，帮助法国队夺得1998年世界杯冠军和2000年欧洲杯冠军。

第六章 荣光

2006年世界杯决赛后，齐达内宣布退役。不过，他并没有离开皇马，而是留在伯纳乌，向教练转型。2014年欧冠决赛，身为安切洛蒂助理教练的"齐祖"，在场边投入地"越权"指挥比赛，遭到安帅"嫌弃"的眼神，这非常有趣的一幕，通过社交网络火遍全球。

令人没有想到的是，在安切洛蒂和贝尼特斯相继下课后，齐达内竟然真的成为皇马的主教练！此时的他，丝毫没有任何一线队独立执教的经验，是一个十足的"菜鸟"，对于弗洛伦蒂诺来说，这无疑是一次巨大的冒险，甚至称得上豪赌。

不过，齐达内有一项穆里尼奥、安切洛蒂、贝尼特斯都没有的巨大优势：很多皇马球员，都是看着他踢球长大的，视他为偶像。

C罗承认："齐达内还踢球时，就是我的偶像。现在成了教练，我依然崇拜他，特别佩服他指导球员的方式、与球员们相处的方式。我们更受重视，感受到他的温暖。"

齐达内充满人格魅力，威望和情商都极高，而且深谙顶级球员的心理，能够迅速赢得手下们的完全信任，能够稳稳掌控住更衣室，不会重蹈穆里尼奥和贝尼特斯的覆辙。

当然，论执教经验，"齐祖"完全比不上这两位拿过欧冠冠军的名帅，但他的执教天赋和学习领悟能力，实在惊人。球迷们爱称他"齐玄宗"，说他赢球就靠玄学。其实不然，玄学的真正奥义，是他打造出了一支攻守更加平衡的球队，而这集中体现在对巴西后腰卡塞米罗的提拔和重用上。

齐达内执教后的首场国家德比，就大胆启用这个年轻人。卡塞米罗也是天生大心脏，毫无畏惧，在大场面中应对自如，很好限制住了梅西的发挥。而本泽马和

C罗的进球，最终帮助皇马2比1完成逆转，报了联赛首回合0比4惨败之仇。

在齐达内的带领下，皇马最后12轮联赛竟然全胜，还制造过7比1塞尔塔、5比1赫塔菲这样的惨案。可惜的是，倒数第13轮0比1负于"马竞"，还是让他们倒在了最后一刻：积90分，以1分之差不敌巴萨，屈居西甲亚军！不过，相比于"贝大帅"下课时排名第三、落后第二名"马竞"4分的成绩，这已经是非常明显的进步了。

在欧冠赛场上，皇马以两个2比0轻松淘汰意甲劲旅罗马，C罗两场比赛各进1球，成为晋级八强的最大功臣。而真正的考验，出现在了四分之一决赛：面对德甲球队沃尔夫斯堡，"银河战舰"首回合竟然0比2告负，爆出惊天大冷门！

绝境之下，所有人都以为皇马要完了。我们几乎可以听到狼堡球员和皇马死敌们的笑声，然而，这笑声却在最高亢的时候戛然而止，因为C罗爆发了。

投之亡地而后存，陷之死地而后生。

次回合第16分钟，卡瓦哈尔右路突破送出横传，皮球打在对方后卫腿上发生变线，C罗跟进右脚推射破门，1比2！

仅仅1分钟之后，托尼·克罗斯左侧角球传中，C罗前点甩头攻门，将球顶入网窝，2比2，总比分扳平！

第六章 荣光

C第 77 分钟，皇马获得弧顶任意球机会，C 罗当仁不让地站在球前，右脚兜射，皮球打穿人墙，弹地之后飞入球门右下角，3 比 2！皇马疯狂大逆转，杀进四强！

这是 C 罗欧冠生涯的第 5 次上演帽子戏法，追平梅西，并列历史第一；本赛季欧冠，他已经打入 16 球，历史第二，仅次于 17 球的自己！

欧冠半决赛，皇马的对手是英超豪门曼城。

首回合，C 罗大腿拉伤没有上场，所幸不是肌肉撕裂，问题不大。而失去 C 罗的"银河战舰"，顿时变成了无牙的老虎，只从伊蒂哈德球场带走 0 比 0 的白卷。

次回合回到伯纳乌，C 罗伤愈复出，在本泽马因伤缺席的情况下，担任起中锋。C 罗一上场，曼城的后防线立刻紧张了起来，而开场第 9 分钟，孔帕尼就受伤下场，更是令他们处于担惊受怕、提心吊胆的恐慌当中。

有了 C 罗对对手的牵制，贝尔大放异彩：高速杀入禁区右侧，一脚射门打在对方后腰费尔南多的身上发生折射，球击中立柱之后弹入网窝，打入全场比赛的唯一进球！而进球之后，C 罗与他拥抱庆祝，算是回应了两人之间的不和传闻。

1 比 0，皇马以最经济实惠的方式闯入决赛，而与两年前一样，2016 年的欧冠决赛，还是马德里德比，决赛中的对手，还是扼杀了他们西甲夺冠希望的马竞和迭戈·西蒙尼。

黄沙百战
穿金甲

米兰的斯卡拉歌剧院，普契尼的《图兰朵》在上演。从18世纪到现在，这座风华绝代的艺术宫殿，一直都被认为是世界上最好的歌剧院之一，无数著名歌剧，在这里迎来它的首演；无数大师，在这里成就一世英名。而位于米兰市区之外的圣西罗球场，则被誉为"足球世界里的斯卡拉"，2016年5月28日，这里上演的剧目，名叫"欧冠决赛"。

这出歌剧的主角之一，必定是C罗。但和两年前一样，他又得拖着一条伤腿出战了。

赛前，他因为大腿受伤，已经缺席四天的训练课，只能做一些最基本、最简单的训练。同时，过度疲劳也在消耗着C罗的能量，毕竟，这已经是他本赛季踢的第53场比赛，而他已经31岁了。

所幸，C罗最终还是站在了"斯卡拉歌剧院"的舞台之上，用他那明亮华美的声线，为所有观众奉献一曲咏叹调。

皇马的首发阵容，所有"美凌格"都能背得出来：门将纳瓦斯，拉莫斯和佩佩搭档中卫，马塞洛和卡瓦哈尔分居左右，莫德里奇、托尼·克罗斯、卡塞米罗组成中场，锋线则是C罗、本泽马、贝尔。

马竞，则依旧是西蒙尼标志性的442阵型：门将奥布拉克，后防线有戈丁、萨维奇、路易斯·费利佩，胡安弗兰，中场有萨乌尔、加比、奥古斯托·费尔南德斯、科克，双前锋是格列兹曼与费尔南多·托雷斯。

两年之前，拉莫斯在最后时刻为皇马扳平比分，带来最终的胜利。两年之后，"水

爷"又在比赛第 15 分钟，为皇马首开纪录：克罗斯左路任意球传中，贝尔头球后蹭，他门前包抄捅射入网！虽然有越位嫌疑，但进球被判有效，拉莫斯也因此成为历史上第一位在两场欧冠决赛中进球的后卫。

第 46 分钟，佩佩禁区内绊倒托雷斯，当值主裁克拉滕伯格判罚点球，可是，格列兹曼左脚主罚，却将球击中横梁，皇马逃过一劫。不过第 79 分钟，马竞还是扳平了比分：胡安弗兰右路反越位成功后送出传中，替补登场的卡拉斯科小禁区前凌空垫射破门，1 比 1。

常规时间战罢，马德里双雄握手言和，又踢了 30 分钟，两队还是没有再进球，只能进入残酷的点球大战。

拖着伤腿，受制于对手的铁血"撕咬"，C 罗苦战 120 分钟，战到最后一刻，已经一瘸一拐。

然而，虽然未能像两年前那样在加时赛中传射建功、锁定冠军，但是，加时赛一次拼出"老命"的回追，还是成功阻止了马竞的反击，同时也告诉观众们：他有多么拼命，夺冠的决心有多么大。

第六章 荣光

　　但是他必须留在场上，参加一决生死的 12 码轮盘赌。2008 年的欧冠决赛，C 罗罚丢了点球，一度哭成泪人。但八年之后，他的心，已经变得坚如磐石。所以，C 罗向齐达内主动请缨："我要踢制胜的第 5 个点球。我知道自己能做到，我对此充满信心！"

　　第五个主罚，意味着千斤重担，都压在了一个人的身上；全队的命运，都交给这一个人来定夺；进，有可能拿不了冠军；不进，必定会丢掉冠军。此时此刻，全世界所有球迷的目光，都会聚焦于他，亿万眼神，灼热的都能把人"点燃"。

　　皇马和马竞的前四罚，全部都进了。第五罚，率先上阵的胡安·弗兰，竟然击中立柱。所以，比赛的最终结果，真的要由 C 罗来决定了——再伟大的大师，恐怕都写不出这样的剧本。

　　他拿起球，轻轻一吻，放在 12 码点，助跑，射门，骗过奥布拉克，命中！

　　进球之后，C 罗和两年前一样，卸下战袍，将白衣向空中一甩，赤裸上身，激情庆祝！

欧冠之王——C罗

疯狂地庆祝吧，C罗，这是你应得的。你的第三个欧冠冠军，也是皇马历史上的第 11 个欧冠冠军，你又一次征服了"美凌格"，征服了欧洲，征服了全世界。

当然，也征服了弗洛伦蒂诺。这么说或许更贴切：弗洛伦蒂诺没有不与 C 罗续约的理由了。于是，"老佛爷"只能承认："我希望 C 罗能永远留在皇马效力，在这里退役，因为他是球队的核心球员，已经是皇马历史的一部分，还将带领球队不断地创造新的历史。他理应获得金球奖。"

C 罗的回应是："我看不出有哪家足球俱乐部比皇马更好。巴黎圣日耳曼和曼城可以忘掉我了，我将在皇马退役。我在皇马有过糟糕的时刻，四年前我感到很不开心，但现在，我觉得没有比这里更好的地方。"

1926年,《图兰朵》在斯卡拉大剧场首演,当演奏到普契尼生前停笔之处时,意大利指挥巨匠托斯卡尼尼放下了指挥棒,转身朝向观众说道:"歌剧到这里结束了:大师去了……"说罢,转身离开。

有生之年,普契尼未能完成《图兰朵》,但九十年之后,在"足球界的斯卡拉歌剧院",C罗完美地写下了"欧冠决赛"的结尾。**今夜是否还能入眠?**当然不能!不是因为咏叹调唱得太悲,而是因为——"星星沉落下去,黎明时我将获胜,我将获胜!**我将获胜!**"

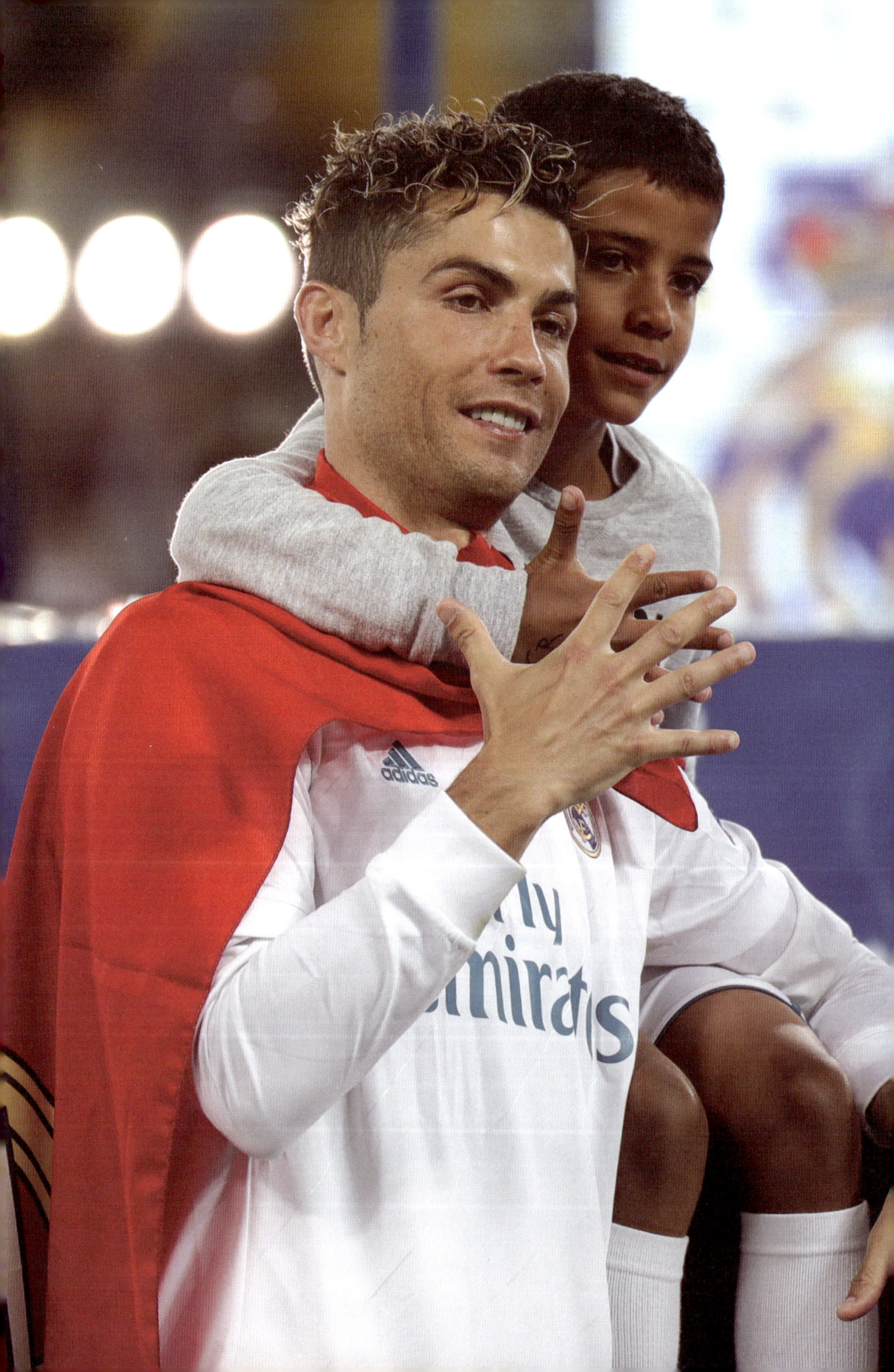
adidas

第七章

加冕

一根手指，两根手指，三根手指，四根手指，五根手指。每伸出一根手指，C罗就点一下头，眼神里流露出的是骄傲。从丰收女神广场开始，皇马球迷们一路簇拥着他和他的队友们前进，直到伯纳乌，然后，八万人的呼声响彻整座球场："请留下！"这，是对偶像、对英雄最好的感谢与致敬。

勒石燕然
终记功

2016年，可以说是C罗职业生涯迄今为止最为辉煌的一年。除了欧冠冠军之外，他还带领葡萄牙队勇夺欧洲杯冠军！这也是他国家队生涯的首个大赛冠军，终于打破了国家队无冠的魔咒。而他的"一生之敌"梅西，至今尚未带领阿根廷队问鼎大赛冠军——这，是C罗胜于梅西的最突出之处。

其实，C罗的第一届大赛之旅，就差点儿夺冠。

2004年欧洲杯，年少成名的他不仅收获了国家队生涯的处子球，还跟随路易斯·菲戈、鲁伊·科斯塔等老大哥们一举杀入决赛，可惜在自己的主场却输给了"大黑马"希腊，痛失冠军！

2006年世界杯，C罗在小组赛第二轮与伊朗的比赛中点球破门，打入了个人在世界杯上的处子球。四分之一决赛，他闹出"眨眼门"，引起轩然大波，虽然点球大战贡献绝杀，率领葡萄牙淘汰英格兰，但还是遭到球迷们的漫天嘘声，最终在半决赛负于齐达内领衔的法国队，无缘决赛。

2008年欧洲杯，C罗接过菲戈留

183

下的 7 号战袍，还当上了国家队的队长，肩负起更大的重任与使命。不过这届欧洲杯，他的状态并不出色，一共只攻进 1 球，葡萄牙也在四分之一决赛 2 比 3 不敌德国，未能闯入四强。

2010 年世界杯，C 罗的表现更糟糕：预选赛 0 球，决赛只有 1 球，葡萄牙 0 比 1 憾负西班牙，16 强就打道回府。

2012 年欧洲杯，C 罗率领葡萄牙杀入了半决赛，再遇"斗牛士"，伊比利亚双雄战罢加时赛，却依然难分胜负。点球大战中，C 罗原定于第五个主罚，可是还没轮到他出场，球队就倒下了。

2014 年 3 月，C 罗在对阵喀麦隆的友谊赛中梅开二度，以 49 球超越保莱塔，成为葡萄牙队的历史最佳射手。然而，在三个月后的世界杯上，他遭遇了国家队生涯的最沉重打击：0 比 4 惨败给德国，2 比 2 战平美国，2 比 1 险胜加纳——3 战仅 1 胜，因为净胜球的劣势排名第三，连小组赛都没出线！这让刚刚夺得欧冠冠军的 C 罗蒙

第七章　加冕

受奇耻大辱，沦为"罗黑"们的笑柄。

2016 年欧洲杯之前，C 罗又拿了欧冠冠军，这一次，是在国家队复制俱乐部的辉煌，还是重蹈两年前的覆辙呢？只有他自己能给出答案。

葡萄牙的前进道路，依然充满惊险：小组赛三战皆平，最后一轮对阵匈牙利的生死大战，又是三次落后，差点儿就要说再见。

C危急关头，是 C 罗展现领袖风采，贡献 2 球 1 助攻，三次将比分追平，最终凭借一己之力，带领球队以小组第三的身份涉险晋级！

欧冠之王——C罗

八分之一决赛，他在加时赛送出关键助攻，帮助夸雷斯马一击制胜，淘汰了实力强劲的克罗地亚。

四分之一决赛对阵波兰，他在点球大战中第一个出场，主罚命中稳定军心，打开了胜利之门。

半决赛面对贝尔领军的威尔士，还是他头球叩关，传射建功，把"五盾军团"送入了决赛！

第七章 加冕

葡萄牙与法国的终极大决战，比赛第 25 分钟，C 罗就因为膝盖受伤而被迫离场，那一刻，蝴蝶恰巧落在了他流泪的眼睛上，制造出了足坛最不可思议的瞬间。

C 不过下场之后，C 罗的存在感依然很强，因为他如同一名教练一般，在主帅费尔南多·桑托斯身边激情指挥，那架势，像极了 2014 年欧冠决赛安切洛蒂身旁的齐达内。

最终，替补登场的埃德尔在加时赛第 109 分钟轰入绝杀，为葡萄牙带来了队史大赛首冠，也成全了 C 罗！但是，C 罗的作用与贡献，绝不应该因为决赛的意外伤退而受到丝毫贬损，因为没有他，葡萄牙连小组赛都出不了线，更遑论夺冠了。

百球盛宴
须尽欢

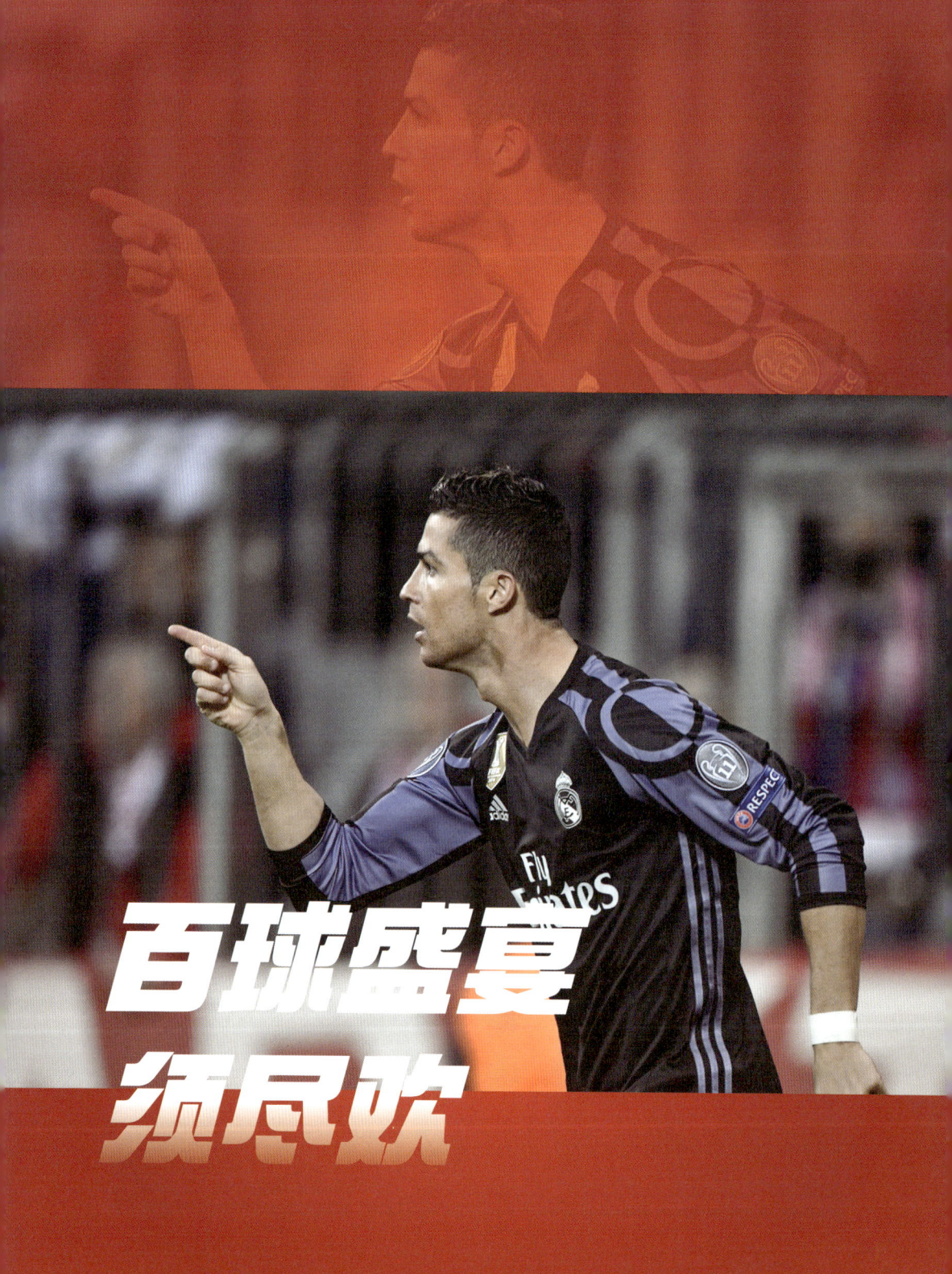

欧冠冠军，欧洲杯冠军，C罗集齐了2016年世界足坛最重要的两尊冠军奖杯。而在12月，他又用一个帽子戏法率领皇马3比0大胜日本球队鹿岛鹿角，毫无悬念地问鼎世俱杯。所以，这一年的金球奖，舍他其谁？

2016年12月12日，《法国足球》杂志官方宣布，C罗获得了745分的超高分数，完胜316分的梅西，时隔一年，获得个人的第四座金球奖！

2017年1月9日，C罗再次击败梅西，荣获了国际足联评选出的"年度最佳球员奖"。这是国际足联与金球奖"裂穴"之后诞生的新奖项，分量等同于之前的"世界足球先生"。自2008年之后，C罗第二次将世界足坛最重要的两大个人奖项囊括。

欧冠之王——C罗

在国际足联的颁奖典礼上，C罗还正式公开了他的新女友——前服装店导购员乔治娜·罗德里格斯。两人带着代孕而生的大儿子"迷你罗"一起盛装出席，标志着C罗已经彻底忘掉旧爱，开启新的感情生活。而乔治娜也确实是C罗的"真命天女"，遇到她之后，C罗收获了真正的爱情，从此完全收心，再无绯闻，恩爱至今。

此时的C罗，正处于职业生涯的最高峰。

在整个2015-2016赛季里，他各项赛事攻入51球，连续6个赛季进球超过50个；欧冠打进16球，连续5个赛季进球上双，连续4个赛季蝉联金靴；欧冠正赛的总进球数达到93球，距离史上第一位"百球先生"只差7粒进球！

但是，对于成绩，C罗从来不会感到满足；对于冠军的追求，C罗也永远不会止步。所以新赛季，他的目标就是职业生涯首次成功卫冕欧冠！

2016年夏天，皇马只引进了一名球员：西班牙中锋莫拉塔，从尤文图斯回归老东家，但是，他的定位只是锋线的替补，齐达内最可倚仗的球员还是C罗。

而弗洛伦蒂诺也只能再次承认，C罗还是皇马不可动摇的头牌。所以在11月，双方完成了续约，按照合同的约定，C罗将为"银河战舰"效力至2021年，届时，他将年满36周岁。所以西班牙媒体才会说："C罗将在伯纳乌退役。"

第七章 加冕

因为欧洲杯决赛的受伤，C罗直到9月份才伤愈复出，因此错过了欧洲超级杯。而复出首战，他就攻破了奥萨苏纳的城门，斩获赛季首球。四天之后，他又在欧冠小组赛中打入1球，率领皇马2比1击败了自己的老东家葡萄牙体育。

皇马看上去也处于无敌状态。在长达284天的时间里，他们豪取各项赛事的40场不败，打破了巴萨保持的39场不败的西班牙球队纪录，直到2017年1月15日，不败金身才被塞维利亚终结。

这里面就包括本赛季的6场欧冠小组赛。面对葡萄牙体育、多特蒙德、波兰球队华沙莱吉亚，皇马取得3胜3平的成绩，算不上非常理想，但足够以小组第二的身份进入16强了。受到伤病影响，C罗虽然只攻进2球，却为队友送出4次助攻。

而对于齐达内的球队来说，不败终结只是一个插曲。接下来，他们在联赛里又豪取14场不败，拿到惊人的12胜2平，只丢了4分！在2017年4月23日的国家德比到来前，"银河战舰"高居西甲积分榜榜首，领先第二名巴萨6分，即便此战

欧冠之王——C罗

输球，也依然能够占据争冠的主动权。

国家德比之前，皇马先要在欧冠四分之一决赛中对阵拜仁慕尼黑。

进入16强之后，他们轻松淘汰了萨里执教的意甲球队那不勒斯。但八强战首回合做客慕尼黑，卫冕冠军还是遭遇到了很大的挑战。

比赛第25分钟，拜仁就由智利中场比达尔头球得手，打破场上僵局。第45分钟，主队又获得点球，若不是比达尔的射门高出横梁，皇马就已经两球落后了。

这给了客队喘息之机。第47分钟，卡瓦哈尔右路高速插上后传中，C罗点球点附近右脚凌空推射入网，扳平比分！他也打破了长达一个月的进球荒。

紧接着，3分钟内，C罗两次制造西班牙国脚哈维·马丁内斯的犯规，导致后者两黄变一红，被罚下场，皇马多一人作战！

第77分钟，又是C罗，接阿森西奥左路传中包抄攻门，将球从诺伊尔的两腿之间送入网窝，2比1逆转！

第七章 加冕

这是 C 罗本赛季的第 4 粒欧冠进球，更是欧冠正赛的第 97 球，距离百球里程碑，真的越来越近了。

6 天之后的次回合较量，里程碑就到来了！

在贝尔、佩佩、瓦拉内等主力因伤缺席的情况下，在莱万多夫斯基点球命中、将总比分扳成 2 比 2 平的危急关头下，C 罗再一次扮演皇马的救世主。

比赛第 76 分钟，卡塞米罗带球突破后将球吊入禁区，C 罗力压拉姆，头槌攻门得手，3 比 2！

然而，仅仅 1 分钟之后，拉莫斯就不慎自摆乌龙，"帮助"拜仁将总比分扳成 3 比 3 平，只能进入到加时赛。

第 105 分钟，"水爷"将功补过，将球吊入禁区。C 罗反越位成功，胸部停球，左脚抽射，将球送入诺伊尔把守的城门！总分 4 比 3，皇马再度领先。

第 109 分钟，马塞洛长驱直入杀进禁区，面对单刀机会无私横传，C 罗跟上轻松推射空门，完成帽子戏法！3 分钟后，阿森西奥再下一城，彻底锁定胜局。

最终，皇马以 6 比 3 的总比分惊险淘汰拜仁，挺进欧冠半决赛！这 6 粒进球里，有 5 个是 C 罗打入的，说他一个人扛着球队前进，毫不为过！

97+3，C 罗的欧冠正赛总进球数，也来到整整 100 球，成为欧冠史上第一位进球达到三位数的球员——欧冠历史第一射手，实至名归。

回到西甲，经历两场恶战的皇马，在国家德比中以 2 比 3 负于巴萨。不过，这并没有产生太大的影响，因为最后五轮，他们稳扎稳打，取得全胜，最终还是以 3 分优势，从死敌手中夺回了联赛冠军！

当然，对于 C 罗、弗洛伦蒂诺、齐达内来说，西甲奖杯固然重要，但最重要的还是欧冠。而半决赛，他们竟然又一次遇到了"马竞"，真的是"冤家路窄"。不过这一次，"银河战舰"首回合赢得非常轻松，因为 C 罗又爆发了。

这场比赛，就是他一个人的进球表演，我们不妨抱着愉悦的心情，来好好欣赏一番。

比赛开始第 10 分钟，卡塞米罗禁区右侧传中，C 罗小禁区前跃起，力压对方后

第七章 加冕

卫,头球冲顶首开纪录,斩获个人欧冠正赛第 101 球!要知道,"马竞"的队史欧冠总进球数也才 100 球,还不如他一个人多呢。

第 73 分钟,本泽马禁区前横敲,费利佩铲断未果,C 罗机敏地将球一让,右脚爆射入网!这已经是他在欧冠半决赛斩获的第 12 球,超越 11 球的皇马名宿迪·斯蒂法诺,升至历史第一!

第 86 分钟,巴斯克斯禁区右侧下底倒三角回敲,C 罗中路跟进,停球后右脚扫射破门,上演帽子戏法,3 比 0!打完收工。

连续两场欧冠淘汰赛戴帽,C 罗又成为历史第一人。近三场欧冠淘汰赛,他一共打进 8 球,表现让人叹为观止。

虽然皇马在次回合以 1 比 2 输球,但是凭借首回合的巨大优势,还是以 4 比 2 的总比分淘汰了同城死敌,连续第二年跻身欧冠决赛。

由于在国王杯被塞尔塔爆冷淘汰,皇马已经确定无缘三冠王伟业了。不过,欧冠两连冠依然有着极强的诱惑力。因为自从欧冠改制以来,还没有哪支球队能够成功卫冕,哪怕强如梦二、梦三时期的巴萨也没有做到过。齐达内的球队、C 罗的皇马,能成为第一支吗?

碾碎魔咒
又折桂

坐落于塔夫河畔的威尔士国家体育场，因为建成于新千年之前的1999年，所以得了这么一个更为人熟知的名字——加的夫千禧球场。这里还有一个奇特的魔咒：在千禧球场举行的前11场杯赛决赛或者升级附加赛，但凡是抽到客队身份、使用客队南更衣室的球队，最终都输掉了比赛！直到2002年，斯托克城才打破了这一魔咒。

　　15年后，皇马出现在千禧球场，成为名义上的客队，身穿紫色战袍，使用南更衣室。但是，这里毕竟是威尔士人的地盘，而"银河战舰"阵中正好有一位来自威尔士的球星——贝尔，所以，球场管理方特意将"南更衣室"的标签，贴在了主队尤文图斯的更衣室门外，希望魔咒能降临到"对手"的身上。

　　"欢迎来到加的夫，2017年的欧冠决赛将于今晚举行。毫无疑问，C罗将成为皇马阵中的重点人物，他们刚刚赢得了2012年之后的首个西甲冠军，而尤文图斯也赢得了意甲冠军。"讲着西班牙语的电视解说，用抑扬顿挫的语调做着开场。

　　不知有意还是无意，他提到了C罗的名字，却没有单独提及任何一名尤文图斯球员，这诠释了决赛的奥秘：个体VS集体。

　　在阿莱格里的调教下，这支"斑马军团"拥有极高的战术素养。而布冯、基耶利尼、博努奇、巴尔扎利组成的意大利国家队防线，更是坚不可摧，本赛季意甲38轮比赛竟然只丢了27球！欧冠前12场，他们9胜3平，是唯一一支保持不败的球队；仅失3球，单场最多丢1球；9场零封对手，这其中就包括让"MSN"领衔的巴萨两回合120分钟颗粒无收。

然而，就是这样一道举世无双、史诗级别的钢铁防线，却被C罗给生生摧毁了。决赛之前，C罗就信誓旦旦地说道："我们要让全世界知道，谁才是世界最佳！"说到，做到。

比赛第20分钟，C罗中路分球，卡瓦哈尔右路横传，他跟上右脚不停球直接推射，球碰到博努奇稍稍变线，攻破了意大利门神布冯的十指关！

整个过程，C罗就是在戏耍尤文图斯整条防线：聪明地无球跑动，完全甩开了基耶利尼的盯防，接球射门时，身边竟然没有一名防守球员。尤文图斯的世界级后卫们都去哪儿了？这无疑是对对手的最大羞辱。

这一粒进球，也再次创造了历史：C罗成为欧冠改制以来，第一位在三届不同决赛上都有进球的球员！

第27分钟，尤文图斯的克罗地亚前锋曼朱基奇打入一记精彩的倒钩射门，将比分扳平。但第61分钟，皇马再次取得领先：克罗斯的左脚推射被桑德罗挡出，卡塞

第七章 加冕

米罗禁区外右脚轰出远射，球打在赫迪拉身上变线入网，2比1！

3分钟之后，C罗，又见C罗。莫德里奇右侧底线横传，他前点包抄扫射破门，3比1！

进球之后，C罗张开双臂，肆意庆祝。本赛季的第12粒欧冠进球，足以让他超越11球的梅西，连续第六个赛季蝉联欧冠金靴，同时也成为欧冠历史上第六位在决赛中梅开二度的球员！

第90分钟，马塞洛下底横传，阿森西奥中路推射建功，将最终的比分锁定为4比1。而当德国主裁布吕希吹响结束哨声的那一刻，C罗跪倒在地，紧握双拳，仰天长啸！旋即俯身在地，双手抱头，激动得难以自已。

队友们跑了过来，把C罗高高抛上天空。所有人都在仰视C罗，所有球迷

欧冠之王——C罗

都将掌声献给了C罗，所有镜头都将焦点对准C罗。齐达内说，即便在他那个时代，即便在任何时代，C罗都是一位超级巨星。

在接受采访时，C罗握紧双拳，对着摄像镜头大吼一声，像极了2015年获得金球奖时的庆祝方式。而看台上的乔治娜和"迷你罗"也进入球场，与丈夫、父亲一起庆祝。C罗搂住乔妹，深情一吻，当着全世界的面撒了一波狗粮。

毫无悬念，C罗荣获了欧冠决赛的最佳球员，给他颁奖的正是恩师弗格森。两人深深拥抱，C罗禁不住露出了孩童般的笑容，仿佛一下子回到了20岁左右时的青葱岁月。

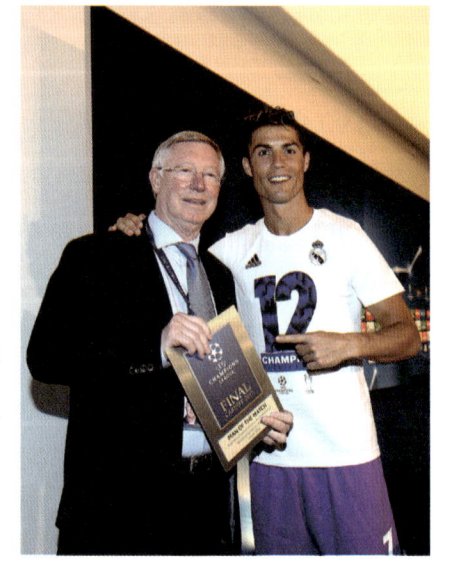

第七章 加冕

"这是一场令人印象深刻的决赛。我们的目标是赢得下一次的欧冠冠军。我们已经做到了卫冕，证明了皇马是世界上最棒的球队。感谢球迷从欧冠开始以来对我们的支持。另一座金球？我们拭目以待！"C罗说道。

是的，皇马夺得了队史第 12 个欧冠冠军，也成为欧冠改制以来第一支成功卫冕的球队。C罗则完成了欧冠两连冠——这是梅西未曾做到的，职业生涯第四次捧起大耳圣杯！他的欧冠总进球数，也来到了 105 球，而梅西的欧冠总进球数，是 94 球，还没达到百球里程碑，已经被C罗反超 11 球之多。

风波难阻杀性起

完成欧冠卫冕大业之后，C罗又马不停蹄地开始征服下一个目标——联合会杯冠军。然而，这届赛事还没开始，他便卷入了更大的风波当中。

根据西班牙检察官的指控,从2011年到2014年,C罗分别涉嫌偷税140万欧元、160万欧元、320万欧元、850万欧元，总计1470万欧元！若是罪名成立，这4次偷税漏税，将会令他分别付出至少一年、两年、两年和两年刑期的代价，罪行累计起来，最高可以判处七年监禁！

不过，如果C罗愿意缴纳罚款的话，他很有可能得到减刑。若能获得四分之三的减刑，他的刑期将为21个月。而按照西班牙法律，初犯刑期在24个月以内的，可以通过缴纳罚金等方式，避免真实入狱。

梅西也陷入过逃税风波。2016年，巴塞罗那法庭认定，他和他的父亲豪尔赫·梅西在2007年到2009年期间，涉嫌逃税410万欧元，被判入狱21个月，并缴纳370万欧元的罚款。由于初犯刑期不满两年，而且已经主动缴纳税款，所以，梅西不需要真正地进入监狱服刑。

正在备战联合会杯的C罗，在接受采访时做出正面回应："我对此问心无愧！"

坚称自己是清白的。皇马官方也表达了对他的支持："皇马俱乐部对 C 罗完全信任，俱乐部相信他已经依法履行了纳税义务。自从 2009 年加盟皇马以来，C 罗始终表现出自愿纳税的态度。皇马俱乐部相信，C 罗会在案件的审理中证明自己的清白，俱乐部希望相关部门尽快采取行动，以证明 C 罗的清白。"

然而，这桩"丑闻"却一直纠缠着他不放。2018 年 6 月，世界杯小组赛葡萄牙与西班牙一战之前，西班牙法庭突然宣布，C 罗因为涉嫌偷税漏税被判处两年监禁，并处 1800 万欧元罚款。而直到 2019 年 1 月 22 日，这桩案件才算是真正了结：C 罗出席庭审，接受了 1880 万欧元的罚款，以及 23 个月的缓刑，无须入狱。

受到这起风波的影响，葡萄牙虽然闯入 2017 年联合会杯的半决赛，却在点球大战中不敌智利，无缘争夺最终的冠军。不过，即便进入决赛，C 罗恐怕也没心思踢球了，因为他喜得一对龙凤胎，因此缺席了三四名决赛。

与大儿子"迷你罗"一样，二儿子马特奥和大女儿伊娃，也是 C 罗通过一位代孕妈妈完成的生产，他们的母亲究竟是谁？这至今仍然是一个谜。同年 11 月，他的第四个孩子又降生了，这是 C 罗与乔治娜所生，取名玛蒂娜。

第七章　加冕

娇妻美眷，儿女成群，C罗的家庭生活如此幸福，羡煞旁人。而有了如此坚强的后盾，他可以全身心地投入全新的征程当中了。

不过，正所谓"祸不单行"，2017-2018赛季刚开始，C罗又遭当头一棒。

西班牙超级杯对阵巴萨的首回合比赛，C罗虽然打入1球，但在第82分钟被主裁布尔格斯认定假摔，吃到本场比赛的第二张黄牌，两黄变一红，被罚下场！他非常气愤，失去理智地推了布尔格斯一把，而这个出格的动作，也被后者写进了赛后的裁判报告里。

依据规则，推搡拉扯裁判，将被判4到12场禁赛的重罚！最终，西班牙

足协纪律委员会算是网开一面，对C罗做出了追加4场停赛的最低处罚。这样一来，他不仅将缺席西超杯的次回合较量，还将无缘新赛季的西甲前4轮比赛。

所幸，禁赛并不涉及欧冠赛场。于是，C罗将怒气尽情宣泄到了欧冠小组赛。

再当卫冕冠军的皇马，与多特蒙德、托特纳姆热刺、阿波尔同分在一组。6场比赛，C罗竟然场场都有进球，其中包括3场梅开二度，一共打进9球，率领"银河战舰"成功地从死亡小组中突围而出。

八分之一决赛，皇马遇到了巴黎圣日耳曼。此时，内马尔已经离开巴萨，以2.22亿欧元的天价加盟大巴黎，与姆巴佩、卡瓦尼组成了同样实力强大的锋线三叉戟。但是，C罗给内马尔以及自己的"小迷弟"姆巴佩好好地上了两堂课。

首回合比赛，在伯纳乌球场进行。第33分钟，巴黎圣日耳曼先声夺人：姆巴佩右路突破马塞洛之后送出传中，卡瓦尼前点一漏，纳乔中路铲断内马尔，但法国中场拉比奥禁区内跟上右脚兜射破门，0比1！皇马率先落后。

第44分钟，阿根廷中场洛塞尔索禁区内拉倒托尼·克罗斯，当值主裁罗基果断

第七章 加冕

判罚点球，C罗将皮球罚向球门的左下角，对方门将阿雷奥拉虽然判断对了方向，无奈射门角度太过刁钻，只能望球兴叹，1比1！

第83分钟，阿森西奥禁区左路下底传中，球击中穆尼耶后发生折射，阿雷奥拉将球扑出，孰料C罗已经鬼魅般杀到，球正好被他撞入网窝，2比1！皇马逆转了。

仅仅3分钟之后，阿森西奥助攻马塞洛破门，将最终的比分锁定为3比1。

梅开二度！C罗本赛季的欧冠进球数已经来到11球，但这还没有结束。

次回合做客巴黎王子公园球场，他又在第51分钟打破僵局：巴斯克斯禁区左侧传中，C罗后点头球冲顶入网，彻底扼杀了法甲豪门翻盘的希望！

这样一来，赛季的前8场欧冠，C罗场场破门得分，创造了欧冠新纪录！跨赛季，他则是连续9场欧冠都有进球，追平了曼联前队友范尼斯特鲁伊保持的历史纪录，而这一纪录将在下一场被他打破。

四分之一决赛，"银河战舰"再遇上赛季的决赛对手尤文图斯，C罗也再次成为"老妇人"的梦魇。

欧冠之王——C罗

首回合在都灵开战。开场仅 3 分钟，伊斯科禁区左侧突破横传门前，C 罗中路右脚捅射，闪击破门！

而最令人震撼的一幕，发生在比赛第 64 分钟：

基耶利尼解围失误，C 罗禁区左侧底线倒三角传球，巴斯克斯推射被布冯封出；卡瓦哈尔右路传中，禁区中路的 C 罗后退几步，背对球门，倏地腾空而起，在空中将身体打开再折叠，右脚倒挂金钩，球应声入网！看得布冯目瞪口呆。

C 一出补天罅，霸气世无双！

这"补天一钩"，竟然是 C 罗职业生涯的第一次倒钩破门。而跨赛季欧冠十连杀，他也将新的纪录收归囊中，欧冠正赛的总进球数攀升至 119 球！

第 72 分钟，C 罗禁区中路巧妙直塞，马塞洛心领神会插上，盘过出击的布冯之后，抢在补防的桑德罗之前推射入网，3 比 0！皇马大捷。

2 球 1 助攻，C 罗一个人参与全部 3 粒进球，又一次以一己之力摧毁了意甲豪门。

第七章 加冕

饶是基耶利尼乃世界足坛最优秀的后卫之一，布冯乃世界足坛最优秀的门将之一，面对杀神如他，又徒呼奈何？

首回合的比分如此悬殊，次回合是否会沦为过场？尤文图斯素以意志力顽强而著称，当然不会轻易放弃，所以哪怕是做客伯纳乌球场，他们依然发起了凶猛的反击，一上来就打得皇马晕头转向。

开场仅 2 分钟，曼朱基奇就在禁区内头球破门，进球速度比 C 罗还快。

第 37 分钟，还是曼朱基奇，还是头球叩关，梅开二度！"斑马军团"已经 2 比 0 领先。

第 60 分钟，道格拉斯·科斯塔右路传中，纳瓦斯在马图伊迪的干扰下扑球脱手，法国中场补射打入空门，3 比 0，阿莱格里的球队竟然将总比分扳平了！

此时，比赛还剩 30 分钟才结束呢，尤文图斯士气极盛，随时都有可能再进一球逆转总比分。

但是，皇马有 C 罗，被逆转这种丢尽脸面的事儿，他怎能容许发生在自己身上？从来都是他逆转别人的份儿！

209

欧冠之王——C罗

时间一分一秒流逝。伤停补时第3分钟，克罗斯挑传，C罗头球摆渡，尤文图斯中卫贝纳蒂亚在禁区内从背后撞倒了巴斯克斯，当值主裁奥利弗判罚点球，还把激烈抗议的布冯红牌罚下！面对替补登场的什琴斯尼，C罗将点球轰入球门右上角，这也是欧冠历史上常规时间内最晚罚进的点球。

绝杀之后，C罗再次脱掉球衣，亮出一身魔鬼肌肉！伯纳乌球场山呼海啸，顶礼膜拜。

这粒点球有多重要？1比3，皇马虽然难逃次回合的失利，但仍以4比3的总比分有惊无险地闯入欧冠四强！而C罗，也完成了连续11场欧冠都有进球的惊天伟业，欧冠总进球数亦达到120球的里程碑。

半决赛面对拜仁慕尼黑，C罗的进球脚步终于停止了。但是，他的队友们站了出来，帮助领袖分担重任。首回合，进球功臣是马塞洛和阿森西奥；次回合，轮到本泽马梅开二度。一胜一平，皇马淘汰德甲班霸，连续第三个赛季闯入欧冠决赛！

三连冠
登基伊始

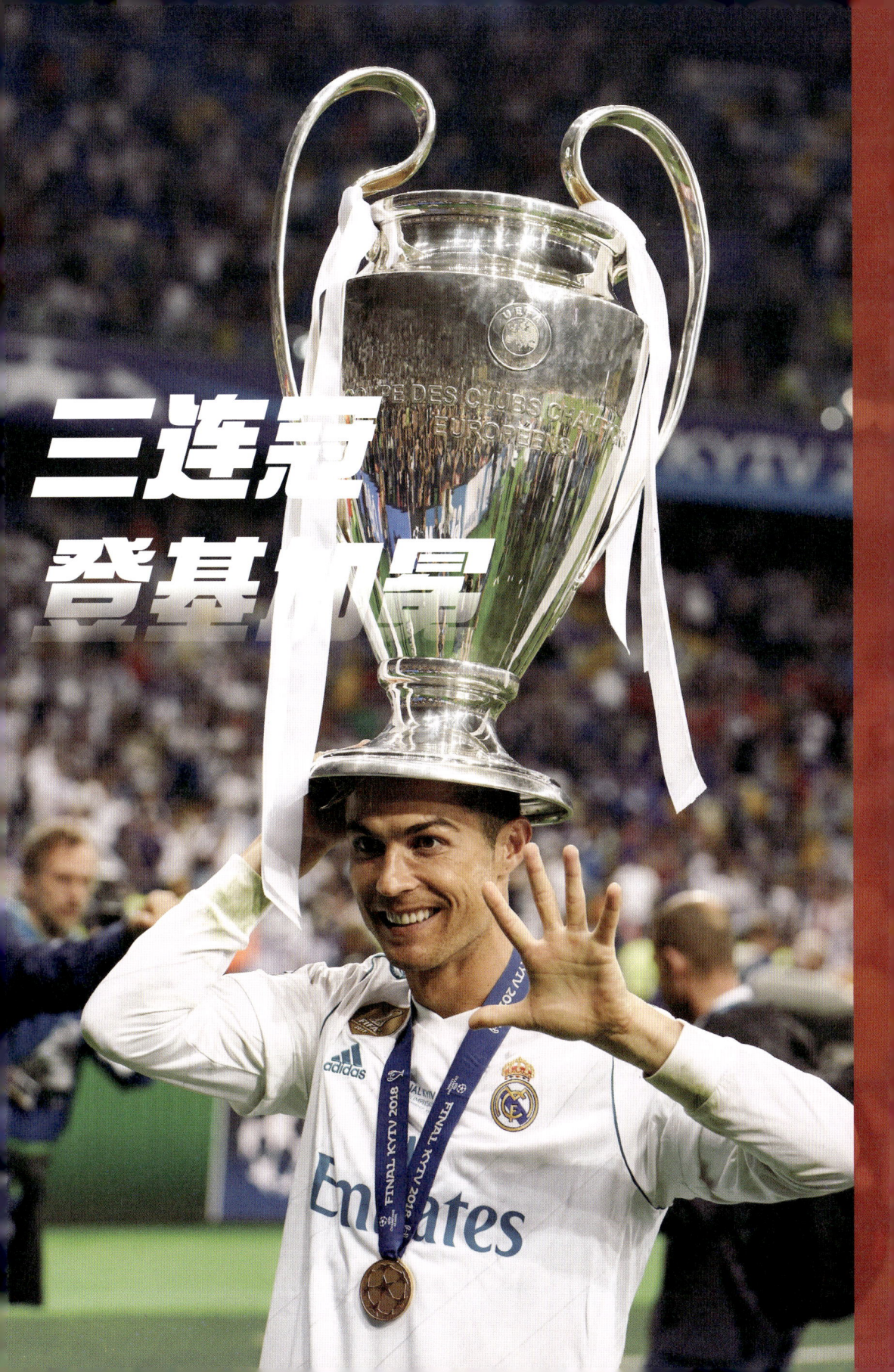

欧冠之王

2016年，皇马在欧冠决赛中遇到了西甲的马德里竞技，战而胜之；2017年，皇马在欧冠决赛中遇到了意甲的尤文图斯，战而胜之。2018年5月26日的基辅奥林匹克球场，他们在欧冠决赛中遇到的对手，换成了来自英超的利物浦，这次还能战而胜之吗？

从多特蒙德到利物浦，德国人克洛普再次站到了皇马的对面。

自从2015年10月执起"红军"的教鞭以来，他将自己的"摇滚足球"深深植入这家英超豪门，带领曾经的欧冠五冠王走在了复兴的伟大道路上。

2018年冬季转会期，"渣叔"从英超球队南安普敦引进了荷兰国脚中卫范戴克，极大地增强了后防线的实力和稳定性。范戴克的中卫搭档，是克罗地亚国脚洛夫伦，他们的两侧，则是助攻能力超强的英格兰右后卫阿诺德和苏格兰左后卫罗伯逊。

中场，有亨德森、维纳尔杜姆、米尔纳坐镇；锋线三叉戟，则是叱咤英超的"红箭三侠"——"埃及梅西"萨拉赫，"塞内加尔C罗"马内，巴西国脚菲尔米诺。

如果说这支利物浦还有唯一的软肋，那就是德国门将卡里乌斯了。

齐达内排出了与上赛季欧冠决赛完全相同的首发阵容：C罗和本泽马联袂锋线，贝尔暂坐替补席；伊斯科担任前腰，他的身后是莫德里奇、托尼·克罗斯、卡塞米罗的"典礼中场"；后防线有拉莫斯、瓦拉内、马塞洛和卡瓦哈尔，门将还是纳瓦斯。

C罗PK萨拉赫！这是赛前全世界媒体都在疯狂炒作的热点。而从球员通道开始，两人之间似乎就擦出了激烈的火花：C罗对萨拉赫发出了"死亡凝视"，眼神冷酷地一瞥，仿佛要吞掉对手一般。

第七章 加冕

比赛开始之后,利物浦的攻势很是猛烈,皇马一度陷入非常被动的局面。所幸,纳瓦斯的状态依旧出色,高接低挡,力保城门不失。

正当人们以为皇马迟早都要丢球之时,转折点在第 26 分钟突然出现了!

在与拉莫斯拼抢时,萨拉赫的肩膀被别伤。经过队医检查后,他一度回到场内,但终究还是无法继续坚持,只能被拉拉纳换下。离场时,"埃及梅西"留下了极度失望的泪水。

而此时此刻,C 罗的敌意已经全无,第一个时间赶过来拥抱和安慰萨拉赫。因为决赛开场不久就无奈伤退,这种痛,他最懂。

第 37 分钟,卡瓦哈尔也因伤被纳乔换下,不过论及损失,利物浦的显然

213

更大。

于是，皇马逐渐将局面扭转过来，第 43 分钟差点儿首开纪录：伊斯科右路传中，C 罗门前跃起甩头攻门，卡里乌斯扑球脱手，本泽马近距离凌空推射破门，但是，边裁举旗示意 C 罗越位在先，进球无效。

第 51 分钟，卡里乌斯再次犯错，而且犯下的是"超级巨大的低级失误"，并为此付出了真正的代价：他将克罗斯的挑传揽入怀中，然后手抛球准备发动快速反击。说时迟那时快，本泽马刚好伸出一脚，将德国门将抛出的球捅进网窝！

不过，利物浦终究还是相当强悍。第 55 分钟，米尔纳右侧角球传中，洛夫伦力压拉莫斯头球摆渡，马内门前凌空垫射入网，顽强地将比分扳平。

此时，齐达内令旗一挥：贝尔上场，换下伊斯科！而这一招，起到了决定性作用。

第 64 分钟，马塞洛左路传中，刚刚替补出场的贝尔，就像半决赛的 C 罗那般，展翅腾空、左脚倒钩，球划出了一道美丽的弧线，坠入球门，2 比 1！皇马再次领先。

第七章 加冕

第 83 分钟，贝尔 25 米外左脚突施冷箭，结果，卡里乌斯又失误了。这一次，他犯的是"黄油手"，让球从他的手边漏进网窝。

替补双响，"大圣"疯狂！就这样，皇马以 3 比 1 的比分击败利物浦，完成了欧冠改制以来史无前例的三连冠伟业，欧冠总夺冠次数也达到 13 次，遥遥领先于欧洲群雄。齐达内更是成为历史上第一位率队连续三个赛季问鼎欧冠冠军的主帅。

西班牙《阿斯报》调侃道：这是一场不需要 C 罗出手的决赛，因为卡里乌斯的两次自杀性失误，就足以把冠军拱手送给皇马。

当然，C 罗在最后时刻还有机会单刀破门，可令人没有想到的是，场上突然出现一个不速之客，保安进场将其制服的同时，比赛也被迫中断。

虽然决赛颗粒无收，但他的 15 粒欧冠进球，尤其是八分之一决赛和四分之一决赛的 6 粒进球，个个宝贵，至关重要，所以，C 罗依然是皇马成就三连冠的头号功臣。

怀抱大耳圣杯，克里斯蒂亚诺亮出了五根手指。

C 是的，他如愿以偿地捧起了个人的第五座欧冠奖杯，反超四冠的梅西，成为欧冠改制以来夺冠次数最多的球员，没有之一！

这是怎样的丰功伟绩？无论用多么华丽的语言来形容，大概都会显得苍白无力。

思来想去，还是这么说吧：利物浦、巴萨、拜仁，三大欧洲传统豪门的队史欧冠冠军数量，也不过和他一个人的一样多。

基辅的奥林匹克球场,就是C罗的巴黎圣母院、西敏寺、太和殿。从里斯本到曼彻斯特,从莫斯科到马德里,从米兰到加的夫,用了16年的时间,他终于走到了这里,登上宝座,加冕皇冠,正式成为"欧冠之王"!

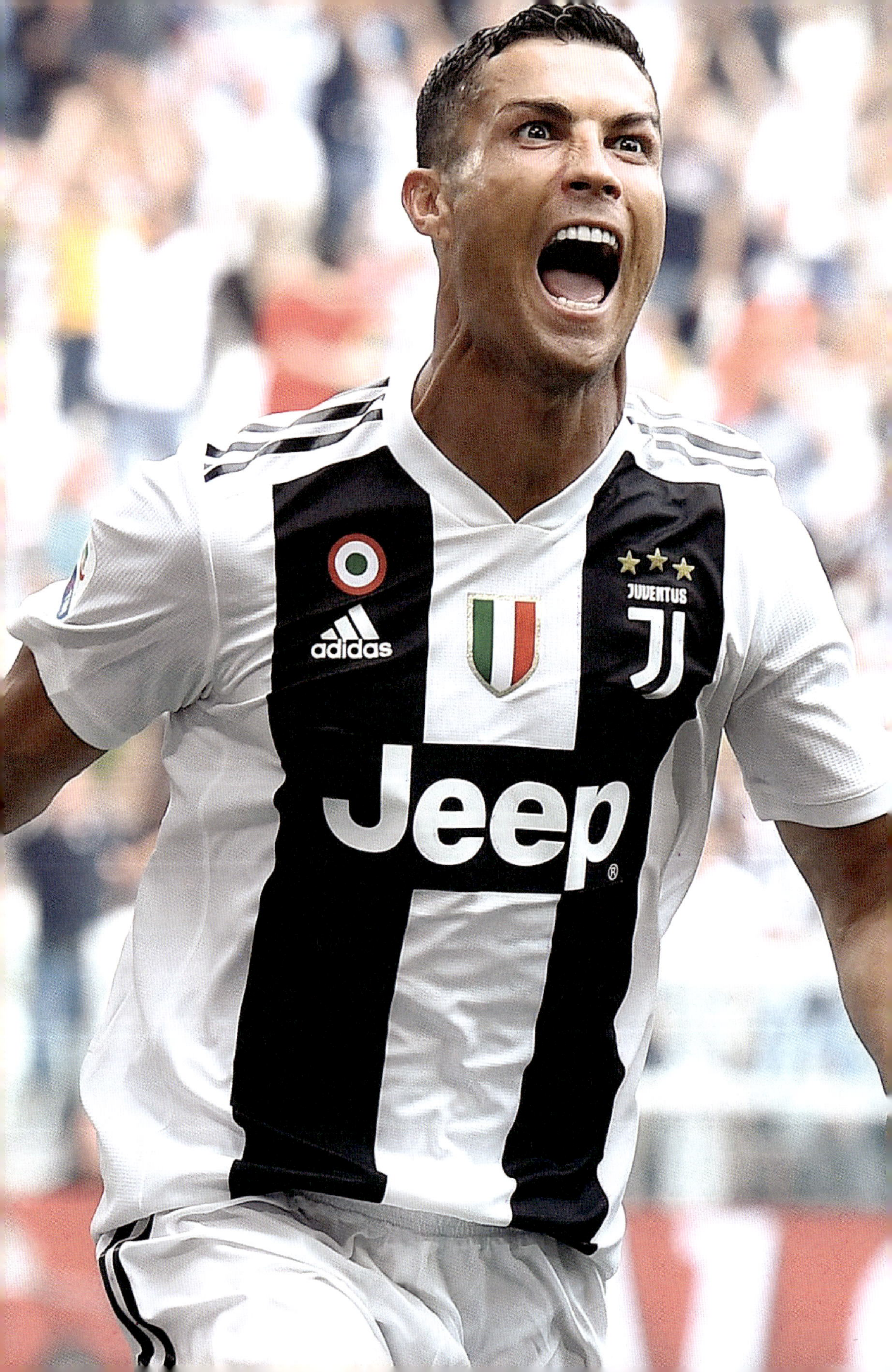
adidas
JUVENTUS
Jeep

第八章
挑　　战

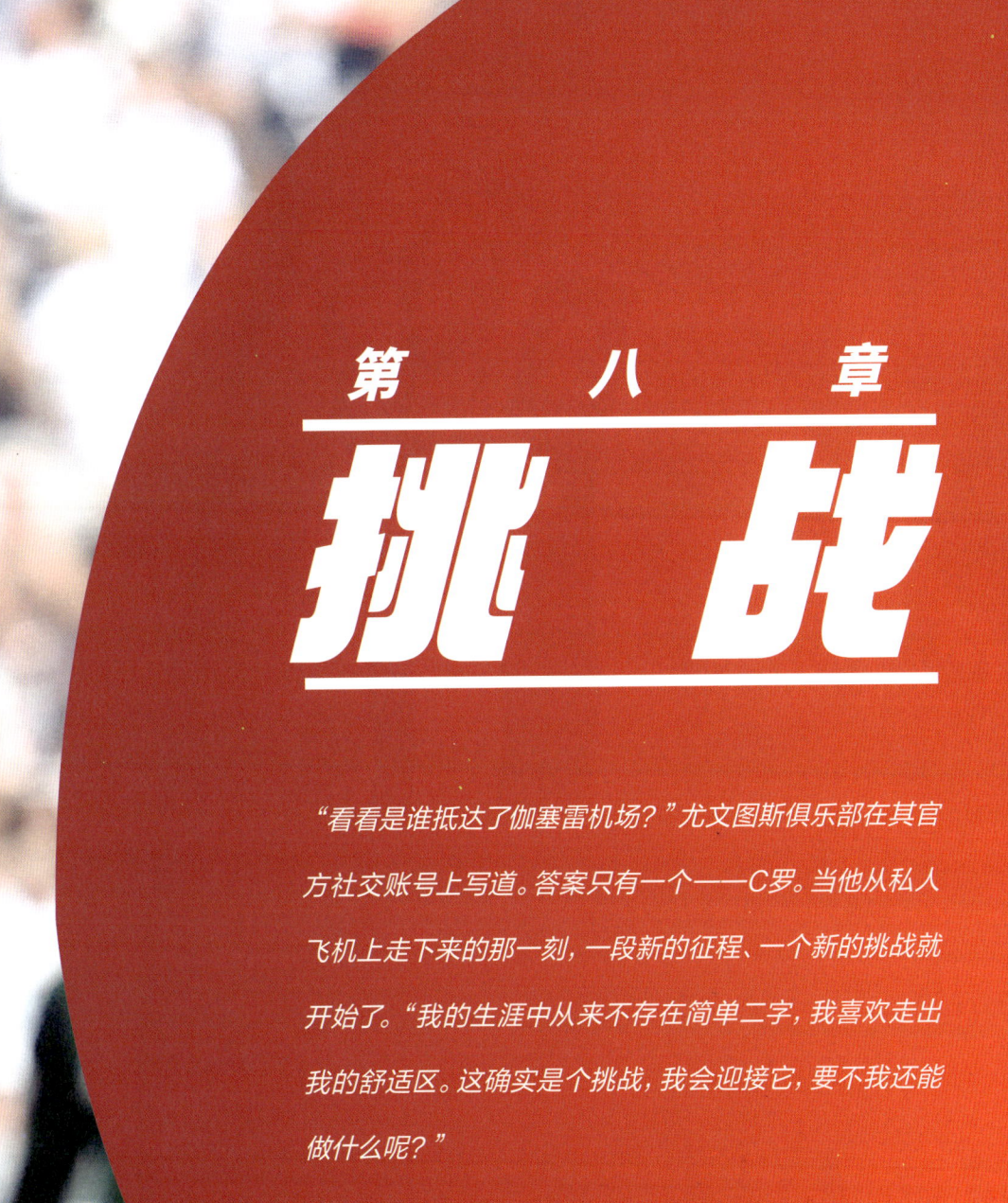

"看看是谁抵达了伽塞雷机场？"尤文图斯俱乐部在其官方社交账号上写道。答案只有一个——C罗。当他从私人飞机上走下来的那一刻，一段新的征程、一个新的挑战就开始了。"我的生涯中从来不存在简单二字，我喜欢走出我的舒适区。这确实是个挑战，我会迎接它，要不我还能做什么呢？"

朝来告别
惊何速

欧冠决赛结束后，C罗再次与乔治娜上演动情激吻。然而，还是有记者抓着他决赛没进球的小事儿不放，一问再问，因而激怒了他："谁是本赛季的欧冠最佳射手？也许欧冠应该改名了，改叫CR7冠军联赛！我当然生气，每场比赛我都想要进球……谁赢得了最多欧冠？谁打入了最多进球？我又拿到了欧冠金靴，我没什么好伤心的。"

更令"美凌格"心惊的，则是C罗说的另外一句话："现在就是享受这一刻，几天之后，我会给支持我的球迷们一个答复。在皇马的日子非常美妙。"最后一句"Fue muy bonito estar en el Madrid"，C罗用了葡萄牙语里的过去式——难道，皇马要成为他的过去了？

在混合采访区，对着媒体的话筒，他的言辞甚至更加激烈："我忍啊忍，然后忍不住了。问题由来已久，与钱无关。我

欧冠之王——C罗

拿到了五个欧冠冠军、五个金球奖，我已经谱写了历史。我现在并不愤怒，因为我知道我给球队带来了什么，我不想让这一独特的时刻黯然失色，我和队友们刚刚成为冠军。我不希望在此时说些什么，这会让我自己感到窒息，但是，确实会发生一些事情。一周之内，我会给出我的答案。"

C伯纳乌的庆祝仪式上，八万名皇马球迷齐声高呼："请留下！"可是，C罗感谢了俱乐部，感谢了球迷的支持，却并未就未来做出明确的表态。而第二天，他就在家中的健身房里开始苦练。

一周之后，C罗并没有兑现自己的诺言，反倒是皇马主帅齐达内在5月31日率先公布了自己的决定：主动辞职，功成身退！而"齐祖"的离开，让C罗更加坚定了离队的决心。

于是7月10日，世界足坛最具轰动效应的转会诞生了：C罗正式告别皇家马德里，加盟尤文图斯，转会费1亿欧元，另有2000万欧元的附加条款，这创造了30岁以上球员的转会费纪录！

222

第八章 挑战

那么，C罗为何会离开皇马呢？

有人认为是钱：他在皇马的最后一份合同，年薪是2100万欧元，低于内马尔的3700万欧元，甚至连梅西5000万欧元的一半都不到。而皇马开出的续约合同里，年薪只有3000万欧元，这让C罗感到很受伤。

但是，这种观点根本不值一哂，因为C罗在尤文图斯的年薪就是3000万欧元，如果是钱的原因，那么他还不如留在皇马呢，何必去一个完全陌生的环境呢？而且，如果想赚更多的钱，C罗当时完全可以来中国踢球，中超的豪门们绝对会为他挥舞钞

票，心甘情愿地奉上超过皇马、尤文图斯五倍的薪水！

真正的原因，是他在皇马感受不到认可与信任。换句话说，弗洛伦蒂诺想要把他赶走。

虽然，C罗是在"老佛爷"的任期里加盟皇马的，但是前任主席卡尔德隆力主引进的，所以，一直都不是弗洛伦蒂诺的"自己人"。皇马主席对此始终耿耿于怀，高价买入贝尔，就是想让他取代C罗。

而在C罗饱受逃税风波困扰之时，皇马也只是给予口头上的支持，实则并没有通过俱乐部的官方身份来提供支持和帮助，私下里给他推荐的几个法务代理，反倒给球员惹上了麻烦。

2017年西超杯，C罗遭到禁赛5场的处罚，皇马也没有积极为他申诉，这些都让C罗感到无比寒心。

归根结底，还是弗洛伦蒂诺认为C罗年龄太老了，养着太贵了，既然能赚回1亿欧元的转会费，还能甩掉薪资上的巨大包袱，何乐而不为？反正这早就不是他第一次抛弃俱乐部功勋了，耶罗和劳尔不就是被他赶走的吗？所以，根本没有任何的心理负担和压力。

在亲笔告别信中，C罗"感谢俱乐部，感谢主席，感激教练，感谢我的队友，感谢所有技术人员、队医、理疗师，还有所有在这里工作的人们……还想再一次感谢我们的球迷，也想要感谢一下西班牙足球"。

但在2018年10月接受《法国足球》杂志采访时，他吐露了真正的心声："我感觉在俱乐部内部，尤其是主席，并没有像一开始那样重视我了。在皇马的前四五年时间，我能感受到我就是C罗。但之后，这种感觉越来越少了，主席看我的眼神意

味不同了，就好像我不再是他们不可或缺的一员，这就是我离开皇马的原因。"

皇马真的不需要 C 罗了吗？看看"后 C 罗时代"，他们在欧冠取得的成绩，你就能知道答案了：2018-2019 赛季，止步 16 强；2019-2020 赛季，还是倒在八强的大门之外。

也就是说，失去 C 罗之后，"银河战舰"重新变回了"欧冠 16 郎"，真是够讽刺的。而接过 C 罗 7 号衣钵的比利时边锋埃登·阿扎尔，至今仍然无法找回他在切尔西效力时的巅峰状态。

我有嘉宾
鼓瑟琴

皇马不要C罗，但尤文图斯需要！

尤文图斯是意甲的霸主，已经完成联赛七连冠，在意大利国内找不到对手。可是，他们上一次夺得欧冠冠军，已经是1996年的遥远往事了，这与"意甲第一豪门"的身份不符，更受到死敌球迷的耻笑。而在亲身体会过C罗的巨大威力之后，"斑马军团"坚信C罗能够为他们带回梦寐以求的大耳圣杯。

更何况，C罗能给"斑马军团"带来的不只有竞技价值，还有极高的经济价值、商业价值，能卖球衣、拉赞助、吸流量、涨粉丝。他所引发的这些场内场外的效应，都能让尤文图斯超越国际米兰、AC米兰等劲敌，在意大利足坛独领风骚。

所以，尤文图斯才会毫不犹豫地掏出了1亿欧元的转会费，买来一位已经33岁的老将。

如果单纯从自然规律与体育科学的角度来看，33岁老吗？对于大多数球员而言，的确如此：职业生涯最辉煌的岁月已经过去，该找个地方养老或者淘金了。

但是，对于C罗而言，还远远谈不上一个"老"字！

他依然是欧冠最佳射手，依然能够一个赛季在44场各项赛事中打入44球，场均1球。而离开皇马之后，C罗有了更充足的动力来证明自己廉颇未老、越老越妖，来证明不是自己不行了，而是皇马卖错了人！

夺得意甲冠军，是尤文图斯的常规操作。C罗到来的第一个赛季，也就是2018-2019赛季，"斑马军团"就成功折桂，成就了八连冠伟业。他也用实际行动迅速打脸所有质疑者：31场联赛攻入21球！像征服英超、西甲那样，征服了欧洲

欧冠之王——C罗

五大联赛里的又一家。

2019-2020赛季，35岁"高龄"的C罗，状态只有更加出色：33场联赛斩获31球，场均又将近1球，再创新高，也完成了个人的意甲两连冠，尤文图斯也豪取意甲九连冠；各项赛事，他更是贡献37球，一举打破了队史尘封95年之久的单赛季进球纪录！

然而，在C罗和尤文图斯最想正名的欧冠赛场上，他们却遭遇到了波折与打击。

路漫漫
其修远兮

与9年前加盟皇马时的豪言壮语相比，C罗在尤文图斯的首场发布会上谈到欧冠冠军的话题时却异常低调："每个人都想赢得欧冠冠军，但是这很难。尤文此前距离夺冠仅有一步之遥，我希望自己能给球队带来帮助。但即便能够最终走到决赛，也没人能保证100%最终捧杯，我希望自己是那个幸运符。"

五年四冠，欧冠三连，反而让C罗切身感受到了问鼎欧冠的难度有多大，所以，迎来全新挑战的他依然胸怀壮志，但是更愿意用场上的进球来说话。

首个赛季，尤文图斯与曼联、瓦伦西亚、瑞士球队伯尔尼青年人同分在一个小组。

首战"蝙蝠军团"，C罗第一次代表新东家出征欧冠，结果开场29分钟，就被直接红牌罚下！这样的剧本，真是让人大跌眼镜。

这是C罗欧冠生涯154次出场吃到的第一张红牌。冤不冤？冤！

其实，他只是在与对方后卫穆里略发生碰撞之后，用手"摸"了一下对方的头。但是，当值主裁布吕希在询问底线裁判的意见之后，认定C罗这是暴力行为，直接亮出红牌，将其罚出场外。

尤文图斯上下都为C罗喊冤。后卫博努奇表示："我认为

第八章 挑战

这是一次非常正常的冲突。穆里略先把手放在C罗身上的,然后他做出了反应。"

主教练阿莱格里说道:"VAR会在这个决定中帮助裁判,因为在欧冠这样的赛事里,一支球队只能10人应战,令人失望。接下来的比赛,我们会很想念C罗。"

欧足联在调查取证之后,认定C罗的行为并不构成暴力,不会追加处罚。只是因为事后的调查并不能改变裁判在场上的判罚,所以,红牌没法撤销,C罗将自动停赛1场,但不会缺席与老东家曼联的两回合比赛。

解禁复出之后,C罗两战"红魔",彼时,对方的主帅已经换成了若泽·穆里尼奥。

第一战,他又一次回到了老特拉福德球场,虽然没有再次攻破旧主的城门,但尤文图斯凭借阿根廷前锋迪巴拉的唯一进球,还是从客场带走3分。

第二战,C罗在比赛第65分钟轰出远射世界波,终结了欧

冠连续453分钟、20脚射门不进的球荒。

　　这一次，C罗没有再"客气"，他张开双臂，激情庆祝，似乎弗格森退休之后，曼联也不再是他曾经深爱的曼联了。然而让人料想不到的是，"魔力鸟"的球队竟然在最后4分钟内连进两球，完成了逆转！

　　不过，这场失利并没有影响到尤文图斯的出线，他们以小组第一的身份，挺进欧冠16强。而在八分之一决赛，C罗竟然又遇到了那个无比熟悉的对手——马德里竞技，真是人生何处不相逢啊。

　　当马德里德比已成追忆，2014年和2016年的两场欧冠决赛已成绝响，不知此时的C罗是否会回想起皇马时代的点点滴滴？也许还没习惯这种转变，首回合重返马德里，做客卡尔德隆球场，他未能有所建树，"斑马军团"也最终以0比2失利。

　　回到都灵，回到尤文图斯竞技场，那个"马竞克星"还是回来了！还是熟悉的配方，还是熟悉的味道，尤文图斯3比0大胜，上演史诗级逆转，而这三粒进球，全部是C罗一个人打入的！

第八章 挑战

比赛第 27 分钟，贝尔纳代斯基左路送出传中，C 罗后点跃起，力压胡安弗兰，头球冲顶破门，首开纪录！

第 49 分钟，坎塞洛右路传中，C 罗禁区中路再次头球冲顶，尽管奥布拉克将球单掌击出，但视频回放提示，球已经整体越过门线，进球有效！尤文图斯扳平总比分。

第 85 分钟，贝尔纳代斯基突入禁区之后被科雷亚推倒，当值主裁判罚点球，C 罗右脚主罚一蹴而就，3 比 2！尤文图斯翻盘了！

顺境看 C 罗，逆境看 C 罗，绝境还看 C 罗。从皇马到尤文图斯，这一点从来没有改变。中国的著名足球解说员黄健翔感慨道："34 周岁的人，这么好的状态，越是关键时刻，越能挺身而出，这样的球员，这样的表现，令文明用语变得苍白无力，只想吼那些脏话。"他，说出了所有"尤文蒂尼"的心声！

这是 C 罗在欧冠赛场上演的第 8 次帽子戏法，追平了梅西保持的历史纪录。谁说他老了？谁说他不行了？"欧冠之王"甩出两个字：呵呵！

四分之一决赛，尤文图斯遇到了本赛季的最大黑马阿贾克斯。荷甲豪门拥有德

欧冠之王——C罗

里赫特、弗兰基·德容、范德贝克、齐耶赫等天才新星，攻守兼备，朝气蓬勃，小组赛对阵拜仁慕尼黑就不落下风，八分之一决赛又淘汰了C罗的前东家皇马。

面对"青春风暴"，C罗赛前表示自己还年轻，还能在场上和20岁出头的小伙子们一较高下。而首回合比赛第45分钟，他也亮出了标志性的头球冲顶，为"斑马军团"从阿姆斯特丹竞技场带走1分，立下汗马功劳。

次回合回到主场，还是头球，C罗接皮亚尼奇角球传中，中路俯身冲顶破门，又一次叩关得手。只是这一次，C罗"双拳难敌四手"：范德贝克扳平比分，德里赫特还以头球。最终，尤文图斯以2比3的总比分不敌阿贾克斯，无缘欧冠半决赛！

自从2009-2010赛季以来，C罗第一次没有进入欧冠四强。不过，他已经竭尽全力扛着尤文图斯前进了——本赛季的欧冠淘汰赛，"老妇人"全队一共就进了5个球，全部是由他一个人贡献的！尤文图斯也越来越像C罗一个人的球队。

吾將上下
而求索

2019-2020赛季，阿莱格里离任，"老妇人"聘请萨里担任球队的新帅，C罗则继续向着个人的第六个欧冠冠军发起冲击。

小组赛，意甲豪门又抽到了马德里竞技，同组对手还有德甲球队勒沃库森、俄罗斯劲旅莫斯科中央陆军。

首轮，他们与马竞2比2握手言和，遗憾的是，C罗未能再破"床单军团"的城门。

但第二轮对阵"药厂"，他不仅打入1球，还创造了多项欧冠纪录：

连续第14个欧冠赛季有进球入账，追平了梅西与劳尔保持的纪录；获得欧冠第150场胜利，打破了卡西利亚斯保持的胜场纪录；对阵33个不同的欧冠对手破门得

第八章 挑战

分，追平了劳尔保持的纪录。

第四轮与莫斯科中央陆军一战，C罗又迎来了个人第174场欧战比赛，追平保罗·马尔蒂尼，排名历史第二，仅次于188场的卡西利亚斯。

最后一轮再战勒沃库森，他接迪巴拉助攻，推射空门得手，打进个人欧冠正赛的第131球，继续高居历史射手榜榜首！

最终，尤文图斯以队史欧冠小组赛最高的16分，成功拿到头名，强势晋级16强。而他们在八分之一决赛的对手，是法甲球队里昂。

2020年2月26日，尤文图斯飞往法国，参加首回合较量。

在新年以来的9场赛事里，C罗场场建功，状态极佳。但这一次，他遭到了对手的严密盯防和限制，直到比赛第35分钟才完成第一脚射门，全场也只有4脚射门，无一射中门框范围之内。最后时刻，他还在对方禁区内倒地，可惜，主裁曼萨诺拒绝判罚点球。

里昂在第31分钟由图萨尔打入唯一进球，1比0小胜。不过这样的比分，尤文图斯还是可以接受的，因为回到主场，他们完全有机会和能力逆转翻盘。

然而，突如其来的新冠肺炎疫情打乱了所有计划！3月，意甲宣布停摆，欧洲五大联赛停摆，欧冠也跟着停摆，全世界几乎所有足球联赛都停摆了，何时复赛？遥遥无期，甚至无法排除本赛季直接取消的可能性。

就这样苦苦等待了五个月的时间，欧冠才终于重新恢复，改在德国集中进行剩余的淘汰赛阶段比赛。

2020年8月7日，这场迟来的第二回合较量上演了。而开场第10分钟，本坦库尔禁区内铲倒奥亚尔被判极刑，孟菲斯·德佩主罚点球，勺子吊射破门，让尤文图斯陷入了更大的被动局面当中。

关键时刻，还是C罗挺身而出。第41分钟，德佩禁区内手球犯规，他主罚点球，右脚低射建功，1比1！第60分钟，C罗禁区前摆脱防守，左脚轰出一脚世界波，饶是里昂门将洛佩斯单掌一扑，球依然击中门柱，反弹入网，2比1！总比分被扳成2比2平。

梅开二度，35岁的C罗真的拼了。可惜的是，没有队友能够站出来为他分担压力。最终，里昂的客场进球还是比尤文图斯多一个，萨里的球队就此饮恨出局——上赛季至少还进了八强，这一次直接在16强就折戟沉沙。

虽然萨里率队在联赛中提前两轮卫冕，完成了意甲九连冠的霸业，可尤文图斯在意大利杯和意大利超级杯中均与冠军无缘，欧冠早早出局更是让球队高层十分不满。

第八章 挑战

2020年8月8日，尤文图斯官方宣布萨里下课，7月30日才刚刚出任尤文U23青年队主教练的皮尔洛被直接推上一线队主教练的位置，有齐达内在皇马执教成功的案例，尤文图斯高层相信皮尔洛可以率队在欧冠上完成突破。

一个联赛冠军还远远不够，欧冠赛场上的失败也让C罗非常失望。不过，2020年本来就是极为不寻常的一年。

这一年，继2019年队史第六次欧冠封王之后，利物浦又夺得了队史首个英超冠军，终结了30年顶级联赛无冠的尴尬；欧冠冠军则归属于拜仁慕尼黑，这是他们时隔7年再次称雄，还豪取六冠王伟业。

但最不寻常的，还是新冠肺炎疫情给足球给世界带来的巨大影响和改变。即便强壮自律如C罗，也未能避免"中招"，在2020年10月他不幸被确诊新冠肺炎。

所幸，新冠病毒对他的身体健康与竞技水平没有造成太大影响，康复之后的C罗依旧神勇，可尤文图斯全队整体的状态却在2020-2021赛季出现巨大的起伏。

球员时期球风优雅的皮尔洛是公认的中场大师，执教之后他推崇的也是瓜迪奥拉式的传控踢法。但可惜的是尤文的阵容配置并不能完全满足他的打法要求，为了完成所谓的"技术革命"，尤文昔日赖以成功的稳固防守也渐渐动摇。

初次执教缺乏经验的皮尔洛在临场变化和随机应变方面也显示出明显的不足，尤文图斯不仅在联赛中早早落后，欧冠赛场上也没能完成突破：八分之一决赛面对实力并不突出的波尔图，尤文图斯首回合客场1比2不敌对手，回到主场基耶萨的梅开二度一度让尤文图斯看到希望，可奥利维拉在加时赛的任意球破门直接击溃了尤文图斯。

缺少队友支持的C罗没能成为挽救球队的英雄，连续两年止步欧冠16强的成绩更让他难以接受。已经度过36岁生日的C罗，已经超越贝利，成为世界足球历史上正式比赛进球最多的球员，他还在不断刷新着自己保持的欧冠历史进球纪录，而他的每一粒崭新进球，都在将纪录提高到后人难以企及的高度。

C罗曾经多次说过，自己至少会踢到40岁。这意味着，他还有充足的时间，去迎接一个又一个的挑战，去创造新的历史，书写新的传奇。

欧冠之王——C罗

那么，终极问题来了：C罗还能夺得梦寐以求的第6个欧冠冠军，从而追平皇马名宿亨托成为历史上夺冠次数最多的球员，成为西多夫之后历史上第二位代表三支不同球队问鼎欧冠的球员吗？

C不得不说，想要在尤文图斯完成梦想，难度不小。原因就像阿森纳功勋主帅温格说的，尤文图斯太依赖C罗了，就像巴萨太依赖梅西，缺少世界级队友的鼎力支持，仅靠一个人踽踽独行，八千里路追云逐月，神仙也做不到，何况C罗也是人，而且毕竟已经36岁？

梅西身旁，至少还有格列兹曼、奥斯曼·登贝莱、佩德里、法蒂、弗兰基·德容。C罗身边有谁呢？迪巴拉、莫拉塔、库卢塞夫斯基、拉姆塞、本坦库尔，关键时刻，谁能像曾经的鲁尼、特维斯、贝尔、本泽马那样成为"王的男人"？没人能够做到。

也许,等到与尤文图斯的合同2022年夏天到期之后,C罗会做出另外的选择。但是,他对第6个欧冠冠军的追逐,绝不会停步。相信我,拿不到第6座大耳圣杯,C罗恐怕是不会退役的。只是,无论未来是否能够再度夺冠,他都已经是名副其实、当之无愧的"**欧冠之王**",没有之一!

结语

读者朋友们,球迷朋友们,看到这里,你还会怀疑C罗"欧冠之王"的身份吗?如果还有一丝怀疑的话,那么以下这些数据,会彻底将其打消。

5冠,欧冠改制以来最多;

134球,欧冠历史总进球数最多;

25球,欧冠八分之一决赛历史进球最多;

13球,欧冠半决赛历史进球最多;

4球,欧冠决赛历史进球最多;

67球,欧冠淘汰赛阶段历史进球最多;

17球,欧冠单赛季历史进球最多;

历史上唯一一位三届欧冠决赛都有进球的球员;

…………

纵观C罗的"成王之路",最令人感动与钦佩的,还不是他所取得的辉煌成就,而是他的一路闯关、一路逆袭。

2007年4月之前,他的欧冠正赛进球数还是0,欧冠冠军数也是0。在他面前,还有劳尔、范尼斯特鲁伊、亨利、迪·斯蒂法诺、普斯卡什、尤西比奥、菲利波·因扎吉、路易斯·菲戈、卡卡等众多足坛巨星,而比他小两岁的梅西,已有4球1冠在手。

然而,14年来,C罗不断前进,不断超越,不断攀登,将包括梅西在内的所有对手,都甩在了身后,终于登上最高峰,成就第一人。

这从来不是一出"爽剧"，其中的艰难险阻、惊厄困苦，绝非常人与外人所能想象与体会。那么，C罗成功的秘诀是什么？

首先是天赋。没有天赋，一切休提；没有超卓的天赋，断然成不了世界级巨星，这是足球世界里的硬道理。

有人会说：C罗有什么天赋啊？连过人都过不了。这么说的人，要么是没看过曼联时期那个被戏称为"花罗"的单车少年，要么是跟风黑，没看过C罗在尤文图斯的比赛。

即便已经36岁，C罗依然能突破、能过人，只不过他对比赛的理解不同了，比赛的方式也随之发生了变化，所以，才会成就现在的欧冠射手王、足坛射手王。

诚然，C罗的绝对技术天赋，可能略逊于梅西，但最多的欧冠进球，最多的欧冠冠军，足以证明他的天赋一直都是最顶级之一，尤其是在捕捉战机和射门方面，已经达到了殿堂级、史诗级。

欧冠之王——C罗

除了天赋，还有什么？努力。不抽烟，不喝酒，只吃沙拉和白煮鸡肉，曼联队友埃弗拉开玩笑："千万别去C罗家吃饭！"

总是第一个来到训练场，最后一个离开训练场。加练是家常便饭，练点球，练任意球，练左脚，练头球，训练场练完回家再练，节假日无休，欧冠三连冠的第二天，队友们都忙着去度假了，他还泡在健身房。

除了天赋和努力，还有什么？永不言败的斗志和好胜心，胜利，永远是他的目标。举个简单的例子：打乒乓球输给曼联队友里奥·费迪南德，他都要苦练两周，然后赢回来！

我辈皆凡人，没有C罗那样的绝世天赋，一生可能也赚不到他一个礼拜所赚的钱。但是，我们喜欢C罗，尊敬C罗，信仰C罗，难道只是因为他的天赋吗？

当然不是！我们还欣赏他的努力、他的拼搏、他的刻苦，佩服他的斗志、他的决心、他的坚强，感叹他的好胜心、他的意志力、他的专注度——所有这些融为一体，才是一个真实的"欧冠之王"克里斯蒂亚诺·罗纳尔多，也是所有球迷在人生征途里值得学习的榜样。

欧冠十大对手

每次取得里程碑式成就时，C罗总会感谢四类人。第一类是他的家人和亲密朋友，第二类是各个时期的队友和教练，第三类是球迷，第四类则是他的对手们。截至2020年结束，C罗在欧冠出场178次，遇到过的球员对手不计其数，而每一次失败，都是对手给予的，都能刺激他奋发图强，迈向成功；每一次成功，都是在与对手的激烈竞争中获得的，可以说没有优秀的对手，就没有现在这个优秀的"欧冠之王"。

梅西

交锋战绩
6战2胜2平2负

进球数据
C罗2球，梅西3球

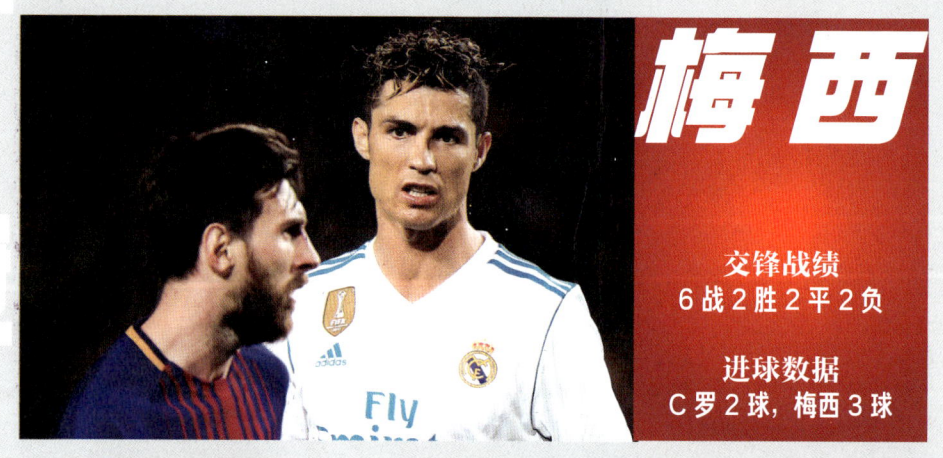

　　C罗在欧冠赛场上的最强大对手是谁？毫无疑问，梅西！作为绝代双骄、一生之敌，梅罗争霸体现在各个方面、各条战线、各种赛场，而两人之间的首次直接交锋，就是在2007-2008赛季的欧冠半决赛，C罗的曼联大战梅西的巴萨，最终以前者取胜晋级并夺冠而告终。

　　不过，在2008-2009赛季的欧冠决赛上，C罗输掉了最重要的一场比赛，无缘卫冕欧冠冠军，为曼联生涯留下了一大遗憾。双骄的最近一次碰面，则是2020年12月的欧冠小组赛，尤文图斯客场3比0大胜巴萨，C罗梅开二度。

诺伊尔

交锋战绩
6战4胜2负

进球数据
C罗9球，诺伊尔0球

　　拜仁门神诺伊尔，曾经是C罗面前的一座山。2011-2012赛季欧冠半决赛，C罗首回合未能攻破德国国门把守的城池，皇马最终1比2告负；次回合，他虽然梅开二度，但"银河战舰"还是倒在了点球大战，"门卫"扑出了C罗主罚的点球！

　　不过，诺伊尔最终还是成为C罗成功路上的垫脚石：2013-2014赛季的欧冠半决赛，2016-2017赛季的欧冠四分之一决赛，C罗4战拜仁、4战诺伊尔，全部获胜，更是连续三场比赛破门，一共打入7球！

莱万多夫斯基

交锋战绩
7战3胜2平2负

进球数据
C罗5球，莱万6球

莱万多夫斯基堪称C罗在欧冠赛场上的一大劲敌，从多特蒙德到拜仁慕尼黑，波兰神锋总是能掀起一番龙争虎斗！两人的首次碰面是在2012-2013赛季的欧冠小组赛，结果各入1球，平分秋色。而在那个赛季的欧冠半决赛，双雄竟然重逢，莱万爆发上演大四喜，率领多特4比1大破皇马，C罗则只有1球入账，相形见绌。

不过，2016-2017赛季的欧冠八强战次回合，C罗完成帽子戏法，力助皇马经过加时赛惊险淘汰拜仁。两人的最近一次相遇，是在2017-2018赛季的欧冠半决赛，C罗和莱万都没有取得进球，但笑到最后、晋级决赛的还是前者。

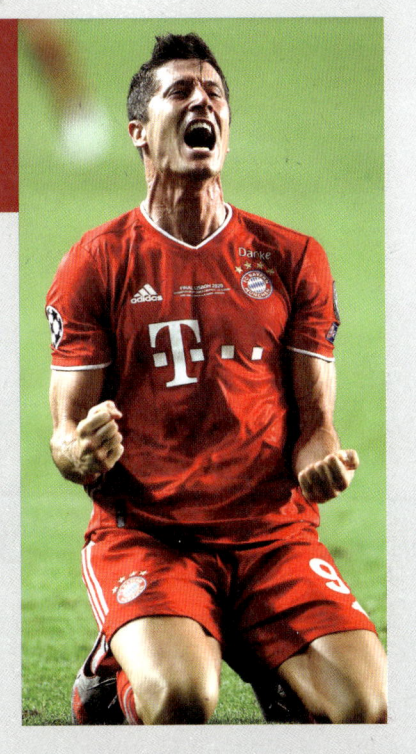

戈丁

交锋战绩
9战5胜2平2负

进球数据
C罗7球，戈丁2球

马竞是C罗在欧冠遇到的最顽强对手之一，身为"床单军团"的后防核心，乌拉圭中卫戈丁更是"顽强"的代名词，而两人的恩怨纠葛则始于马德里德比之前：2008-2009赛季欧冠小组赛，C罗的曼联就与戈丁的比利亚雷亚尔0比0互交白卷。

2014年和2016年，C罗和戈丁两次站在欧冠上演巅峰对决，最精彩的当属头一次，当时戈丁为马竞头球建功打破僵局，C罗则在加时赛第120分钟制造戈丁犯规，点球锁定胜局和欧冠冠军。而2016-2017赛季欧冠半决赛首回合和2018-2019赛季欧冠16强战次回合，C罗更是两次戴帽，打爆戈丁领衔的铁血防线。

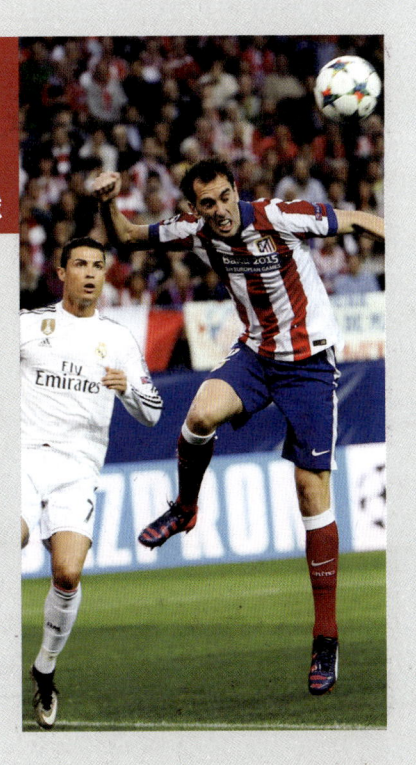

作为C罗的现任主帅，皮尔洛深知自己帐下头号大将的厉害。年少时的C罗，曾经两次败给过皮尔洛的AC米兰：2004-2005赛季折戟欧冠16强，2006-2007赛季止步半决赛。但是，2010-2011赛季和2013-2014赛季的4场欧冠较量，逐渐进入巅峰期的C罗就再也没有输过。

2014-2015赛季的欧冠半决赛，是C罗与球员时代的皮尔洛最后一次碰面。皇马7号虽然两回合各进1球，但还是难以挽回皇马被尤文图斯淘汰的败局。当时恐怕没人会想到，C罗最终会加盟场上的对手，并且成为对方中场核心的弟子！

皮尔洛

交锋战绩
10战3胜3平4负

进球数据
C罗7球，皮尔洛0球

布冯

交锋战绩
7战3胜2平2负

进球数据
C罗10球，布冯0球

C罗的现任队友布冯，也是他在欧冠赛场上的老对手之一，而且两人之间的争夺，几乎贯穿了皇马5年4夺欧冠的整个过程！2013-2014赛季，C罗在"银河战舰"首次问鼎欧冠，小组赛就两战布冯的尤文图斯。2016-2017赛季欧冠决赛，皇马决战尤文图斯，C罗点射破门，率先攻破了布冯的十指关。2017-2018赛季欧冠八强战，C罗再一次迈过了意大利门神这一关。

值得一提的是，欧冠生涯7次面对布冯，C罗竟然场场都有进球，一共斩获过10球，包括3次梅开二度，但两人有着深厚的交情，可谓"英雄惜英雄"。

莫拉塔

交锋战绩
5战2胜1平2负

进球数据
C罗5球，莫拉塔2球

莫拉塔也是C罗在尤文图斯的队友，不过两人的关系非常特殊：既在皇马当过队友，也在皇马和尤文图斯当过对手！2014-2015赛季的欧冠半决赛，是他们的首次交锋，当时C罗是皇马7号，莫拉塔则是在2014年夏天从皇马加盟尤文图斯。两回合较量，C罗和莫拉塔各有2球入账，"银河战舰"却以2比3的总比分被"老妇人"淘汰出局。

2018-2019赛季，C罗来到尤文图斯，莫拉塔却经历了回到皇马、转投切尔西、租借马竞的辗转，成了"床单军团"的一员。欧冠16强战，尤文图斯虽然首回合0比2输球，但C罗在次回合上演帽子戏法，完胜莫拉塔和马竞。2019-2020赛季欧冠小组赛，两人又再次碰面，直到2020年夏天，莫拉塔租借回归"斑马军团"。

皮亚尼奇

交锋战绩
8战4胜2平2负

进球数据
C罗8球，皮亚尼奇1球

波黑中场皮亚尼奇，是C罗在欧冠赛场上的老对手了。早在2009-2010赛季，当时皮亚尼奇还是里昂的中场新星，就帮助法甲豪门在欧冠16强战爆冷淘汰了C罗的皇马。2015-2016赛季，皮亚尼奇转投罗马，再战C罗。2016-2017赛季，他又去了尤文图斯，结果还是与葡萄牙巨星狭路相逢，这次直接在欧冠决赛，而最终的赢家当然是C罗了。

2018年，C罗从皇马加盟尤文图斯，终于和皮亚尼奇成了队友。没想到仅仅两年之后，波黑国脚奔赴巴萨，双方再次成为对手，在2020-2021赛季的欧冠小组赛上迎来了第8次交手，真乃"不是冤家不聚头"。

卡卡

交锋战绩
4战1胜3负

进球数据
C罗1球，卡卡3球

　　卡卡与C罗碰面的次数其实不算多，而且都是早在C罗效力曼联时期，但回想起来，禁不住让球迷高呼"爷青回"！2004-2005赛季的欧冠16强战，年仅20岁的C罗大战正值巅峰时期的卡卡，可惜两回合两个0比1，曼联惜败于AC米兰脚下。

　　2006-2007赛季的欧冠半决赛，22岁的C罗逐渐成长起来，也在首回合较量中打入1球，但两场比赛的主角都是卡卡，卡卡先是在老特拉福德梅开二度，然后又在圣西罗打进1球，只手淘汰了C罗和"红魔"。

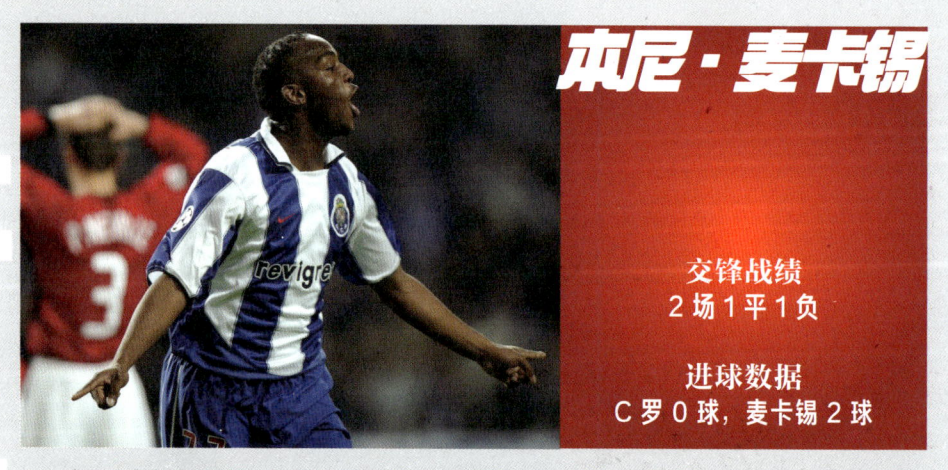

本尼·麦卡锡

交锋战绩
2场1平1负

进球数据
C罗0球，麦卡锡2球

　　本尼·麦卡锡的名字，可能很多球迷之前都没听说过，这位出生于1977年的南非中锋，却是C罗的一个难以攻克的对手。事实上，两人在欧冠赛场上只有过两次相遇，都是在2003-2004赛季的八分之一决赛，曼联对阵穆里尼奥的波尔图。首回合，葡超豪门2比1爆冷取胜，而梅开二度的，正是这位麦卡锡！

　　次回合，两队在老特拉福德球场战成1比1平，弗格森的球队最终让人意外地被踢出局，而这两场比赛，C罗都是替补登场，却未能临危救主，完败给了麦卡锡，曼联生涯的首个赛季就止步欧冠16强。

十 大
经典战役

截至2020-2021赛季结束，C罗征战欧冠，已有180场，排名历史第二，仅次于181场的卡西利亚斯。而在这180场比赛里，经典战役更是数不胜数，于是问题来了：若是硬要从中挑出最为经典的十大战役呢？那么以下这十场大战，最值得C罗的球迷们去铭记和回味。

2013-2014赛季欧冠决赛，皇马4比1马竞

C罗在皇马夺得的第一个欧冠冠军。比赛第36分钟，戈丁头槌破网，马竞将领先优势一直保持到伤停补时，拉莫斯神奇扳平，将比赛拖入到加时。第110分钟，贝尔头球建功，完成2比1逆转。而第118分钟，C罗终于站了出来，左路回敲助攻马塞洛扩大比分。第120分钟，他又亲自制造了戈丁的犯规，主罚点球命中，夺下冠军赛点。

2017-2018赛季欧冠16强战首回合，皇马3比1巴黎圣日耳曼

C罗给法甲新贵好好上了一课。拉比奥率先为"大巴黎"打破僵局，第45分钟，C罗点射入网，扳平比分。第83分钟，他又得阿森西奥助攻，用膝盖将球撞入网窝，逆转比分！最终率领皇马成功翻盘。而次回合较量，C罗又传射建功，双杀"大巴黎"。

2008-2009赛季欧冠半决赛次回合，阿森纳 1 比 3 曼联

英超内战，首回合曼联主场 2 比 0 轻取阿森纳。次回合做客酋长球场，C 罗先是助攻朴智星破门得分，然后又轰入一脚 25 米外的世界波远射，继续扩大比分。第 63 分钟，曼联发动经典的快速反击，鲁尼助攻，C 罗高速插上包抄得手，2 球 1 助攻，令范佩西第 76 分钟的进球荡然无功。

2017-2018赛季欧冠八强战首回合，尤文 0 比 3 皇马

比赛开始仅仅 3 分钟，C 罗就接伊斯科的助攻捅射破门，闪击进球。第 64 分钟，卡瓦哈尔禁区右侧传中，他更是腾空而起，打入了一记精彩至极、技惊四座的倒钩！第 72 分钟，C 罗助攻马塞洛进球，完成 2 射 1 传。而在次回合，当尤文图斯 3 比 0 领先、扳平总比分时，还是 C 罗在第 97 分钟点球建功，拯救皇马，没有让比赛进入加时。

253

2016-2017赛季欧冠半决赛首回合，皇马3比0马竞

欧冠赛场的马德里德比，C罗在伯纳乌球场主宰了比赛。开场第10分钟，他就头槌破门，第73分钟和第86分钟，右脚再下两城，最终上演帽子戏法，3比0的大比分，也让皇马一只脚已经迈入欧冠决赛的门槛。

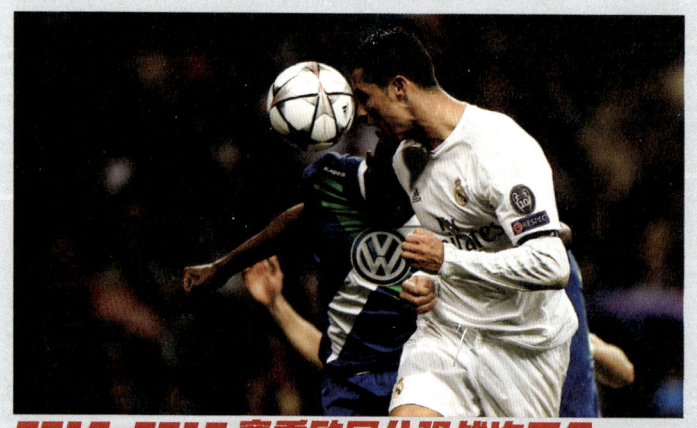

2015-2016赛季欧冠八强战次回合，皇马3比0沃尔夫斯堡

C罗再现英雄本色。首回合客场，皇马0比2爆冷失利。生死存亡之秋，C罗孤胆救主，86秒之内连进两球，比赛开始17分钟就火速扳平总比分。第77分钟，他又直接任意球破门，成功戴帽，以一己之力导演翻盘好戏。

2018-2019 赛季欧冠 16 强战次回合，尤文 3 比 0 马竞

加盟尤文图斯的首个赛季，34 岁的 C 罗依然在书写传奇，宛如救世主降临。首回合，"斑马军团" 0 比 2 告负，陷入绝境。次回合坐镇主场，C 罗大发神威，头球连下两城，扳平总比分，第 86 分钟又亲自主罚点球命中，独中三元，完成大逆转！

2016-2017 赛季欧冠八强战次回合，皇马 4 比 2 拜仁

C 罗两场 5 球，扛着皇马前进。首回合，他就在安联球场梅开二度，摘下 2 比 1 胜果。次回合回到伯纳乌，莱万点球破门，扳平总比分，又是 C 罗挺身而出，头球叩关再度反超。拉莫斯自摆乌龙后，比赛被迫进入加时，关键时刻，C 罗再进两球，上演帽子戏法，一个人摧毁了德甲好莱坞。

2007-2008 赛季欧冠决赛，曼联点球 7 比 6 切尔西

C罗的第一个欧冠冠军到手，情节过程却跌宕起伏。第26分钟，他头球破门首开纪录，打入个人欧冠决赛的处子球，但兰帕德扳平比分，将比赛拖入到加时乃至点球大战。C罗罚出的点球被切赫扑出，失声痛哭，所幸队友足够给力，还是让他捧起了大耳杯。

2016-2017 赛季欧冠决赛，皇马 4 比 1 尤文

这是C罗在欧冠决赛上的唯一一次梅开二度。比赛第20分钟，他反击中接卡瓦哈尔的助攻首开纪录，成为欧冠改制以来第一位在三届不同的欧冠决赛中取得进球的球员。虽然曼朱基奇倒钩扳平比分，但卡塞米罗轰入远射，令皇马再次反超。

第64分钟，莫德里奇送出助攻，C罗再次破门，将比分扩大为3比1，胜利的天平已经向"银河战舰"倾斜。补时阶段，阿森西奥再下一城，皇马锁定4比1胜局，完胜欧冠两连冠。

五大苦主

C罗贵为"欧冠之王",职业生涯至今已经5次捧起欧冠冠军奖杯,但是,老话说得好:"失败乃成功之母",一路走来,他的辉煌旅程也是布满荆棘与坎坷,在欧冠赛场上,他也有自己难以应付的"苦主"。

交锋记录：6战2胜1平3负

个人数据：3球

　　AC米兰是C罗在欧冠输过次数最多的对手，也是最大的苦主。前4次交手，C罗还都在曼联效力：2004-2005赛季欧冠16强战，"红魔"主客场输了两个0比1，惨遭"红黑军团"双杀；2006-2007赛季欧冠半决赛，曼联虽然主场3比2获胜，但次回合被米兰3比0翻盘，无缘最终决赛。

　　直到2010-2011赛季，C罗才算是完胜了一次AC米兰：欧冠小组赛首回合，他传射建功，率领皇马2比0取胜，次回合则从圣西罗球场带走1比1平局。

C罗与巴萨的欧冠较量，基本上要么在决赛，要么在半决赛。2007-2008赛季的欧冠半决赛，曼联两回合1比0力克"红蓝军团"，挺进决赛，不过C罗两场比赛都没进球。2008-2009赛季欧冠决赛，C罗还是没进球，坐视"红魔"0比2输球丢冠。2010-2011赛季欧冠半决赛，C罗的皇马又两回合不胜巴萨，C罗依然未能打破魔咒。

将近十年之后，2020-2021赛季欧冠小组赛，C罗终于再战巴萨。首回合，他因为确诊新冠肺炎而缺席，次回合做客诺坎普，C罗大爆发，梅开二度，欧冠生涯首次对阵巴萨破门得分！

交锋记录：6战2胜2平2负

个人数据：2球

里昂是C罗在欧冠遇到次数最多的对手，没有之一。总体来说，50%的胜率还算不错，每两场他就能攻进1球。不过对阵法甲豪门时，C罗还是有两次不愉快的经历。

第一次是在2009-2010赛季的欧冠16强战，皇马首回合被马孔的一脚劲射击败，次回合虽然打入1球，但未能改写1比1的平局，最终以1比2的总比分爆冷出局，无缘八强。第二次是2019-2020赛季的欧冠16强战，尤文图斯抽到里昂，被认为碰上了"大礼包"，结果首回合就0比1败走。因为新冠肺炎疫情暴发，次回合较量直到2020年8月才复赛，C罗虽然梅开二度，率队2比1赢球，但还是因为客场进球少的劣势，惨遭淘汰！

交锋记录：12战6胜4平2负

个人数据：6球

259

2020-2021赛季的欧冠16强战，尤文图斯看似又抽中"大礼包"，这次他们的对手是波尔图。结果首回合较量，"斑马军团"就1比2爆出大冷门。次回合，尤文将比赛拖入到加时，却在第112分钟被奥利维亚任意球贴地斩破门，最终再次因为客场进球少的劣势，连续两个赛季止步欧冠16强！而这两场比赛，C罗一球未进。

巧合的是，17年之前，C罗已经被波尔图淘汰过一次。2003-2004赛季，曼联两战葡超豪门，只取得1平1负的成绩，同样是倒在欧冠16强战！只有在2008-2009赛季的欧冠八强战次回合，C罗才第一次、也是唯一一次攻破波尔图的城门，那是一脚飞跃40米的超级远射，也是他职业生涯最精彩的进球之一。

交锋记录：6战2胜2平2负

个人数据：1球

对于C罗来说，比利亚雷亚尔可以说是最奇葩的一个苦主了。为何这么说呢？因为他在欧冠赛场上4次与黄色潜水艇碰面，两次是在2005-2006赛季的小组赛，两次是在2008-2009赛季的欧冠小组赛，而这四场比赛，竟然都战成0比0平局！当然，C罗也是一球没进了。

面对同一个对手，既没赢过，也没输过；既没进过球，也没丢过球，这在C罗漫长的欧冠生涯里面，绝对是独一无二的存在。你说比利亚雷亚尔奇不奇葩？

交锋记录：4战4平

个人数据：0球

五大
最爱之敌

算上资格赛，C罗的欧冠生涯，至今已经遇到过53支不同的对手球队，而其中的一些对手，称得上是他的心头所爱。这里的"爱"，指的并非C罗是这些球队的球迷，实际上说的是每次与这些球队交锋，C罗总是能够奉献出相当精彩的表演，尽情展现出"欧冠之王"的本色。

尤文

交锋记录：7 战 3 胜 2 平 2 负
个人数据：10 球

C 罗在欧冠"最爱"的对手是谁？他的现任东家——尤文图斯。7 次对阵尤文图斯，他一共打入 10 球，是欧冠破门次数最多的球队！2016-2017 赛季欧冠决赛，C 罗梅开二度，毁了"斑马军团"的夺冠美梦。2017-2018 赛季欧冠八强战首回合，他又取得 2 球 1 助攻，率领皇马 3 比 0 大胜尤文图斯。正是因为被 C 罗踢怕了，所以"老妇人"才会在 2018 年夏天将其引进，携手冲击大耳金杯。

拜仁

拜仁，是C罗在欧冠"第二爱"的对手，已经9次攻破德甲南大王的城门。他的代表作，无疑就是2016-2017赛季的欧冠八强战了。首回合，C罗梅开二度，以一己之力率队2比1取胜，征服安联球场；次回合面对对手的反扑，他更是上演帽子戏法，两场狂轰5球，加时淘汰劲敌。

交锋记录：8战5胜1平2负
个人数据：9球

马竞

欧冠10战马竞，C罗只在3场比赛里有过进球，但每一战都堪称经典。第一场比赛，是2014年欧冠决赛，他1传1射，帮助皇马加时4比1击败死敌；第二场是2016-2017赛季欧冠半决赛首回合，独中三元，斩获3比0大捷，一战踏入决赛；第三场是2018-2019赛季欧冠16强战次回合，首回合尤文图斯0比2告负，次回合他再次戴帽，完成3球大逆转！

交锋记录：10战6胜2平2负
个人数据：7球

沙尔克04

交锋记录：4场3胜1负
个人数据：7球

C罗与沙尔克04的交手次数不多，只有4次，但他场场都有进球：2013-2014赛季欧冠16强战，C罗两回合连场梅开二度；2014-2015赛季欧冠，还是八分之一决赛，他首回合传射建功，次回合再次录得双响，4场7球，破门效率极高！

马尔默

交锋记录：2场2胜
个人数据：6球

与沙尔克04相比，C罗对阵瑞典球队马尔默的场次更少，只有2场，都是在2015-2016赛季的欧冠小组赛。但是，他在首回合较量中就上演梅开二度的好戏；次回合坐镇伯纳乌，C罗更是狂轰4球，完成了其欧冠生涯第一次也是迄今为止唯一一次大四喜！

C罗荣誉全记录

国家队 2冠

欧洲杯 1   欧国联 1

葡萄牙体育 1冠

葡萄牙超级杯 1

曼联 9冠

英超 3
足总杯 1
联赛杯 2
社区盾 1
欧冠 1
世俱杯 1

皇马 15冠

西甲 2
国王杯 2
西超杯 2
欧冠 4
欧超杯 2
世俱杯 3

尤文 4冠

意甲 2
意超杯 2

个人荣誉

金球奖：5
国际足联世界足球先生：5
欧足联年度最佳球员：3
欧洲金靴奖：4
国际足联普斯卡什奖：1
欧冠年度最佳阵容：6
欧足联年度最佳阵容：14
英格兰球员工会年度最佳球员：2

英超赛季最佳球员：2
英格兰记者协会年度最佳球员：2
英超金靴奖：1
西甲最佳球员：1
西甲金靴：3
意甲年度最佳球员：1
金足奖：1
金足奖世纪最佳球员：1

（世界足球先生与金球奖2010年合并为国际足球联合会金球奖，2016年9月取消合并）

C罗欧冠进球全记录

赛季	总进球数	阶段	时间	比分	进球
2006-2007	3	1/4决赛次回合	2007-4-10	曼联7-1罗马	2
		半决赛首回合	2007-4-24	曼联3-2 AC米兰	1
2007-2008	8	小组赛第1轮	2007-9-19	葡萄牙体育0-1曼联	1
		小组赛第3轮	2007-10-23	基辅迪纳摩2-4曼联	2
		小组赛第4轮	2007-11-7	曼联4-0基辅迪纳摩	1
		小组赛第5轮	2007-11-27	曼联2-1葡萄牙体育	1
		1/8决赛次回合	2008-3-4	曼联1-0里昂	1
		1/4决赛首回合	2008-4-1	罗马0-2曼联	1
		决赛	2008-5-21	曼联6-5切尔西（点球）	1
2008-2009	4	1/8决赛次回合	2009-3-11	曼联2-0国际米兰	1
		1/4决赛次回合	2009-4-15	波尔图0-1曼联	1
		半决赛次回合	2009-5-5	阿森纳1-3曼联	2
2009-2010	7	小组赛第1轮	2009-9-15	苏黎世2-5皇马	2
		小组赛第2轮	2009-9-30	皇马3-0马赛	2
		小组赛第6轮	2009-12-8	马赛1-3皇马	2
		1/8决赛次回合	2010-3-10	皇马1-1里昂	1
2010-2011	6	小组赛第3轮	2010-10-19	皇马2-0 AC米兰	1
		小组赛第5轮	2010-11-23	阿贾克斯0-4皇马	2
		小组赛第6轮	2010-12-8	皇马4-0欧塞尔	1
		1/4决赛首回合	2011-4-5	皇马4-0热刺	1
		1/4决赛次回合	2011-4-13	热刺0-1皇马	1
2011-2012	10	小组赛第2轮	2011-9-27	皇马3-0阿贾克斯	1
		小组赛第4轮	2011-11-2	里昂0-2皇马	2
		1/8决赛首回合	2012-2-21	莫斯科中央陆军1-1皇马	1
		1/8决赛次回合	2012-3-14	皇马4-1莫斯科中央陆军	2
		1/4决赛次回合	2012-4-4	皇马5-2阿波尔	2
		半决赛次回合	2012-4-25	皇马3-4拜仁（点球）	2
2012-2013	12	小组赛第1轮	2012-9-18	皇马3-2曼城	1
		小组赛第2轮	2012-10-3	阿贾克斯1-4皇马	3
		小组赛第3轮	2012-10-24	多特蒙德2-1皇马	1
		小组赛第6轮	2012-12-4	皇马4-1阿贾克斯	1
		1/8决赛首回合	2013-2-13	皇马1-1曼联	1
		1/8决赛次回合	2013-3-5	曼联1-2皇马	1
		1/4决赛首回合	2013-4-3	皇马3-0加拉塔萨雷	1
		1/4决赛次回合	2013-4-9	加拉塔萨雷3-2皇马	2
		半决赛首回合	2013-4-24	多特蒙德4-1皇马	1
2013-2014	17	小组赛第1轮	2013-9-17	加拉塔萨雷1-6皇马	3
		小组赛第2轮	2013-10-2	皇马4-0哥本哈根	2
		小组赛第3轮	2013-10-23	皇马2-1尤文	2
		小组赛第4轮	2013-11-5	尤文2-2皇马	1
		小组赛第6轮	2013-12-10	哥本哈根0-2皇马	1
		1/8决赛首回合	2014-2-26	沙尔克1-6皇马	2
		1/8决赛次回合	2014-3-18	皇马3-1沙尔克	2
		1/4决赛首回合	2014-4-2	皇马3-0多特蒙德	1

赛季	总进球数	阶段	时间	比分	进球
		半决赛次回合	2014-4-29	拜仁 0-4 皇马	2
		决赛	2014-5-24	皇马 4-1 马竞（加时）	1
2014-2015	10	小组赛第 1 轮	2014-9-16	皇马 5-1 巴塞尔	1
		小组赛第 2 轮	2014-10-1	卢多戈雷茨 1-2 皇马	1
		小组赛第 3 轮	2014-10-22	利物浦 0-3 皇马	1
		小组赛第 5 轮	2014-11-26	巴塞尔 0-1 皇马	1
		小组赛第 6 轮	2014-12-9	皇马 4-0 卢多戈雷茨	1
		1/8 决赛首回合	2015-2-18	沙尔克 0-2 皇马	1
		1/8 决赛次回合	2015-3-10	皇马 3-4 沙尔克	2
		半决赛首回合	2015-5-5	尤文 2-1 皇马	1
		半决赛次回合	2015-5-13	皇马 1-1 尤文	1
2015-2016	16	小组赛第 1 轮	2015-9-15	皇马 4-0 顿涅茨克矿工	3
		小组赛第 2 轮	2015-9-30	马尔默 0-2 皇马	2
		小组赛第 5 轮	2015-11-25	顿涅茨克矿工 3-4 皇马	2
		小组赛第 6 轮	2015-12-8	皇马 8-0 马尔默	4
		1/8 决赛首回合	2016-2-17	罗马 0-2 皇马	1
		1/8 决赛次回合	2016-3-8	皇马 2-0 罗马	1
		1/4 决赛次回合	2016-4-12	皇马 3-0 沃尔夫斯堡	3
2016-2017	12	小组赛第 1 轮	2016-9-14	皇马 2-1 葡萄牙体育	1
		小组赛第 2 轮	2016-9-27	多特蒙德 2-2 皇马	1
		1/4 决赛首回合	2017-4-12	拜仁 1-2 皇马	2
		1/4 决赛次回合	2017-4-18	皇马 4-2 拜仁（加时）	3
		半决赛首回合	2017-5-2	皇马 3-0 马竞	3
		决赛	2017-6-3	尤文 1-4 皇马	2
2017-2018	15	小组赛第 1 轮	2017-9-13	皇马 3-0 阿波尔	2
		小组赛第 2 轮	2017-9-26	多特蒙德 1-3 皇马	2
		小组赛第 3 轮	2017-10-17	皇马 1-1 热刺	1
		小组赛第 4 轮	2017-11-1	热刺 3-1 皇马	1
		小组赛第 5 轮	2017-11-21	阿波尔 0-6 皇马	2
		小组赛第 6 轮	2017-12-6	皇马 3-2 多特蒙德	1
		1/8 决赛首回合	2018-2-14	皇马 3-1 巴黎圣日耳曼	2
		1/8 决赛次回合	2018-3-6	巴黎圣日耳曼 1-2 皇马	1
		1/4 决赛首回合	2018-4-3	尤文 0-3 皇马	2
		1/4 决赛次回合	2018-4-11	皇马 1-3 尤文	1
2018-2019	6	小组赛第 4 轮	2018-11-7	尤文 1-2 曼联	1
		1/8 决赛次回合	2019-3-12	尤文 3-0 马竞	3
		1/4 决赛首回合	2019-4-10	阿贾克斯 1-1 尤文	1
		1/4 决赛次回合	2019-4-16	尤文 1-2 阿贾克斯	1
2019-2020	4	小组赛第 2 轮	2019-10-1	尤文 3-0 勒沃库森	1
		小组赛第 6 轮	2019-12-11	勒沃库森 0-2 尤文	1
		1/8 决赛次回合	2020-8-7	尤文 2-1 里昂	2
2020-2021	4	小组赛第 4 轮	2020-11-24	尤文 2-1 费伦茨瓦罗斯	1
		小组赛第 5 轮	2020-12-2	尤文 3-0 基辅迪纳摩	1
		小组赛第 6 轮	2020-12-8	巴萨 0-3 尤文	2

（数据截止到 2021 年 5 月 1 日）

欧冠冠军排行

皇马 夺冠次数 13

AC 米兰 夺冠次数 7

拜仁 夺冠次数 6

利物浦 夺冠次数 6

巴萨 夺冠次数 5

阿贾克斯 夺冠次数 4

曼联 夺冠次数 3

国际米兰 夺冠次数 3

尤文 夺冠次数 2

本菲卡 夺冠次数 2

诺丁汉森林 夺冠次数 2

波尔图 夺冠次数 2

凯尔特人 夺冠次数 1

汉堡 夺冠次数 1

布加勒斯特星 夺冠次数 1

马赛 夺冠次数 1

多特蒙德 夺冠次数 1

切尔西 夺冠次数 1

费耶诺德 夺冠次数 1

阿斯顿维拉 夺冠次数 1

埃因霍温 夺冠次数 1

贝尔格莱德红星 夺冠次数 1

赛季	冠军	赛季	冠军	赛季	冠军	赛季	冠军
1955-1956	皇马	1972-1973	阿贾克斯	1989-1990	AC 米兰	2006-2007	AC 米兰
1956-1957	皇马	1973-1974	拜仁	1990-1991	贝尔格莱德红星	2007-2008	曼联
1957-1958	皇马	1974-1975	拜仁	1991-1992	巴萨	2008-2009	巴萨
1958-1959	皇马	1975-1976	拜仁	1992-1993	马赛	2009-2010	国际米兰
1959-1960	皇马	1976-1977	利物浦	1993-1994	AC 米兰	2010-2011	巴萨
1960-1961	本菲卡	1977-1978	利物浦	1994-1995	阿贾克斯	2011-2012	切尔西
1961-1962	本菲卡	1978-1979	诺丁汉森林	1995-1996	尤文	2012-2013	拜仁
1962-1963	AC 米兰	1979-1980	诺丁汉森林	1996-1997	多特蒙德	2013-2014	皇马
1963-1964	国际米兰	1980-1981	利物浦	1997-1998	皇马	2014-2015	巴萨
1964-1965	国际米兰	1981-1982	阿斯顿维拉	1998-1999	曼联	2015-2016	皇马
1965-1966	皇马	1982-1983	汉堡	1999-2000	皇马	2016-2017	皇马
1966-1967	凯尔特人	1983-1984	利物浦	2000-2001	拜仁	2017-2018	皇马
1967-1968	曼联	1984-1985	尤文	2001-2002	皇马	2018-2019	利物浦
1968-1969	AC 米兰	1985-1986	布加勒斯特星	2002-2003	AC 米兰	2019-2020	拜仁
1969-1970	费耶诺德	1986-1987	波尔图	2003-2004	波尔图		
1970-1971	阿贾克斯	1987-1988	埃因霍温	2004-2005	利物浦		
1971-1972	阿贾克斯	1988-1989	AC 米兰	2005-2006	巴萨		

（数据截止到 2021 年 5 月 1 日）